Hubert Albus

W0248954

Von der industriellen Revolution bis zum Imperialismus

Strukturierte Stundenbilder für den Geschichtsunterricht

Kopiervorlagen mit Lösungen

BRIGG Pädagogik

Symbole

Nachschlagen in Büchern, Lexika, Quellentexte

Recherchen im Internet

Informationen durch Filme

Informationen durch Tonträger

Betrachten und Interpretieren von Kunstwerken

Betrachten und Interpretieren von historischen Fotografien

Auswerten von Grafiken und Statistiken

Texte genau lesen und werten

Gedruckt auf umweltbewusst gefertigtem, chlorfrei gebleichtem
und alterungsbeständigem Papier.

1. Auflage 2013
Nach den seit 2006 amtlich gültigen Regelungen der Rechtschreibung
© by Brigg Pädagogik Verlag GmbH, Augsburg
Alle Rechte vorbehalten.
Das Werk und seine Teile sind urheberrechtlich geschützt. Jede Nutzung in anderen als den gesetzlich zugelassenen Fällen bedarf der vorherigen schriftlichen Einwilligung des Verlages.
Hinweis zu § 52 a UrhG: Weder das Werk noch seine Teile dürfen ohne eine solche Einwilligung eingescannt und in ein Netzwerk eingestellt werden. Dies gilt auch für Intranets von Schulen und sonstigen Bildungseinrichtungen.

ISBN 978-3-87101-**780**-3

www.brigg-paedagogik.de

Inhaltsverzeichnis

Vorwort 4

I. Die industrielle Revolution

1. Die industrielle Revolution beginnt in England 5
2. Die industrielle Revolution greift auf das Deutsche Reich über 17
3. Arbeiten und Leben in der industriellen Welt 29
4. Wer löst die soziale Frage? 43
5. Die industrielle Revolution – ein Überblick 65
6. Die industrielle Revolution – was weißt du noch? 67

II. Die Gründung des Deutschen Reiches

1. Preußens Aufstieg zur deutschen Führungsmacht 71
2. Die Reichsgründung 1871 und Bismarcks Außenpolitik 81
3. Bismarcks Innenpolitik 95
4. Die Wilhelminische Epoche 105
5. Die Gründung des Deutschen Reiches – was weißt du noch? 119

III. Das Zeitalter des Imperialismus

1. Motive und Ziele des Imperialismus 123
2. Der Imperialismus und seine Folgen 129
3. Der Imperialismus – was weißt du noch? 139

Text- und Bildnachweis 141

Vorwort

Geschichte als Schulfach vermittelt einerseits Grundwissen, das Orientierung in Raum und Zeit ermöglicht. Und das sollte tatsächlich auswendig gelernt werden. Andererseits geht es darum, dass die Schülerinnen und Schüler lernen, die Geschehnisse aus der Geschichte sorgsam zu befragen. Und weiterhin sollte erkannt werden, dass Geschichte stets Rekonstruktion ist, ein mehr oder weniger reflektiert hergestelltes Konstrukt, mehr oder weniger analysiert wahrgenommen.
Schülerinnen und Schüler sollen sich die Standort- und Zeitgebundenheit des Lebens und Denkens bewusst machen, sich mit alternativen Handlungsmöglichkeiten in der Geschichte auseinandersetzen, Perspektiven gewinnen, ihre Urteilsfähigkeit schulen und ihre Zukunft gestalten lernen.
Wenn Geschichte in der Schule wenigstens einen Beitrag dazu leisten kann, dass junge Menschen durch die Beschäftigung mit der Vergangenheit sich über ihre Gegenwart verständigen und so zukunftsfähig werden, dann ist viel erreicht.
Natürlich verlangt ein effektiver Geschichtsunterricht bestimmte Kernkompetenzen. Dazu gehören: **Fotos** betrachten und prüfen, **Kunstwerke** untersuchen und verstehen, **Denkmäler** anschauen und bewerten, **politische Plakate** untersuchen, **Karten** „lesen" und auswerten, **Schaubilder** und **Diagramme** erklären, **Karikaturen** betrachten und interpretieren, **Referate** vorbereiten und halten, **Fachliteratur** finden und auswerten, **Archivarbeit** betreiben, **Erkundungen** planen und durchführen sowie **Poster** erstellen und präsentieren. Diese Kernkompetenzen werden in der Reihe „Kompetent in Geschichte" besonders berücksichtigt.

Jeder Band ist nach demselben Prinzip aufgebaut. Auf ein gut strukturiertes Stundenbild folgt ein optisch wie inhaltlich ansprechendes Arbeitsblatt, das die Quintessenz der betreffenden Unterrichtseinheit darstellt. Dazu werden noch zahlreiche Materialien wie Porträts historischer Persönlichkeiten, Quellenberichte, Karten, Bilder und Grafiken auch mit Bezügen zur Gegenwart angeboten. Das Lösungsblatt folgt unmittelbar dem Arbeitsblatt.
Besonderen Wert wird auf einen motivierenden Einstieg gelegt. Häufig können Sie Bilder einsetzen, die als stummer Impuls an die Tafel (Vergrößerung mindestens auf DIN A3) gehängt bzw., falls Sie diese auf Folie kopieren, an die Wand geworfen werden können und als Sprechanlass dienen.
Für den Unterrichtenden bedeutet der Einsatz dieser Reihe zum einen eine erhebliche Arbeitserleichterung, zum anderen die günstige Chance, Schülern Geschichte auf anspruchsvollere Art „schmackhaft" zu machen und nahezubringen.

Viel Freude und Erfolg mit diesem Band
wünschen Ihnen

Autor und Verlag

Die industrielle Revolution beginnt in England

Lerninhalte:

- Wissen um einige Ursachen, die zum Beginn der industriellen Revolution in England führten
- Kenntnis der gesellschaftlichen Verhältnisse vor der industriellen Revolution
- Fähigkeit, mit der Gruppe ein Kurzreferat zu erstellen
- Nachvollziehen einer Kausalkette zur industriellen Revolution in England
- Wissen um einige Folgen der industriellen Revolution in England

Arbeitsmittel/Medien:

- Arbeitsblatt 1: Die industrielle Revolution beginnt in England (1)
- Arbeitsblatt 2: Die industrielle Revolution beginnt in England (2)
- Folie 1: Definition „Industrielle Revolution“
- Folie 2: Die vorindustrielle Gesellschaft im 17./18. Jahrhundert
- Folie 3: Die industrielle Revolution in England im 18./19. Jahrhundert
- Folien 4/5: Lösungsblätter zu den Arbeitsblättern 1/2
- Gruppenarbeitsblatt 1: Die industrielle Revolution beginnt in England
- Gruppenarbeitsblatt 2: Englische Erfindungen um 1800
- Bild 1 für die Tafel: Mechaniker an der Dampfpumpe
- Bild 2 für die Tafel: Bauer beim Schärfen einer Sense
- Video 4210428: Die industrielle Revolution in England (1998; 16 min; schwarz-weiß + farbig)
- DVD ISBN 3-00-013901-X: Die industrielle Revolution. Großbritannien 1750–1850 (2004; 74 min)

Folie 1

Industrielle Revolution:
Umwälzen der Arbeitswelt und der Gesellschaft durch eine verbreitete Anwendung von Maschinen, die menschliche und tierische Kräfte in großem Ausmaß ersetzen.

Tafelbild

Die industrielle Revolution beginnt in England

Vorindustrielle Zeit
Energie:
Holz, Holzkohle
Antriebskraft:
Mensch, Tier, Wasser, Wind
Maschinen:
Tretmühlen, Wasserräder, Windmühlen

Industrielle Revolution
Energie:
Kohle
Antriebskraft:
Dampfmaschine
Arbeitsmaschinen:
Spinn- und Webmaschinen, Lokomotiven, Dampfschiffe, Walzwerke u. a.

Gründe, warum es in England zur industriellen Revolution kam:
① Zunahme des politischen Einflusses des Bürgertums in der konstitutionellen Monarchie
② Ausweitung der Produktion der Agrarwirtschaft auf einen landesweiten Markt
③ Bevölkerungsexplosion (medizinische Fortschritte, ausreichend großes Nahrungsangebot)
④ Keine Einschränkung des Gewerbes und Handels durch Zunftordnungen und Binnenzölle
⑤ England als führende See- und Handelsmacht zog Vorteile aus seinen Kolonien.

Folgen, die die industrielle Revolution in England mit sich brachte:
① Landflucht → Verstädterung → Wohnungsnot → Armut
② Überangebot an Arbeitskräften → geringer Lohn → Arbeitslosigkeit → Schutz-/Rechtlosigkeit
③ Verbesserungen im Verkehr, in der Industrie (Zunahme an Leistung, Genauigkeit, Schnelligkeit)

Verlaufsskizze (3 UE)

I. Motivation

Stummer Impuls	Tafel Bilder 1/2 (S. 7/8)	Mechaniker an einer Dampfpumpe Bauer beim Schärfen einer Sense
Aussprache		
Überleitung Impuls		L: Eine neue Zeit brach an. Es gab gewaltige Umwälzungen.
Stummer Impuls	Tafel	Industrielle Revolution
Lehrerfrage		L: Was heißt „industrielle Revolution“?
Aussprache		
Ergebnis	Folie 1 (S. 5)	Umwälzen der Arbeitswelt und der Gesellschaft durch eine verbreitete Anwendung von Maschinen, die menschliche und tierische Kräfte in großem Ausmaß ersetzen. L: Die industrielle Revolution begann in England im 18. Jahrhundert. Sie änderte die Gesellschaftsstruktur grundlegend.
Zielangabe	Tafel	**Die industrielle Revolution beginnt in England.**

II. Begegnung/Erarbeitung

Impuls		L: Wie war die Situation vor Beginn der industriellen Revolution?
	Tafel	Vorindustrielle Zeit
Stummer Impuls	Tafel (S. 5)	Energie – Antriebskraft – Maschinen
Aussprache		
Zusammenfassung	Folie 2 (S. 9)	Die vorindustrielle Gesellschaft im 17./18. Jahrhundert
Stummer Impuls	Tafel	Industrielle Revolution
	Tafel (S. 5)	Energie – Antriebskraft – Arbeitsmaschinen
Aussprache		
Impuls		L: Erstellen eines Kurzreferates
Gruppenarbeit	Gr.arbeitsblatt 1 (S. 10)	Die Industrialisierung beginnt in England (1. Gruppe)
	Gr.arbeitsblatt 2 (S. 12)	Englische Erfindungen um 1800 ermöglichen den Aufstieg zur wirtschaftlichen Weltmacht (2. Gruppe)
Kurzreferate		
Zusammenfassung	Folie 3 (S. 11)	Erfindungen
Zusammenfassung	Videofilm	Die industrielle Revolution in England (16 min)

III. Wertung

Leitfragen		L: Ursachen der industriellen Revolution in England? Folgen, die die industrielle Revolution mit sich brachte?
Aussprache		
Zusammenfassung	Tafel (S. 5)	

IV. Sicherung

Zusammenfassung	Arbeitsblatt 1 (S. 13)	Die industrielle Revolution beginnt in England (1)
Kontrolle	Folie 3 (S. 14)	
	Arbeitsblatt 2 (S. 15)	Die industrielle Revolution beginnt in England (2)
Kontrolle	Folie 4 (S. 16)	

V. Ausweitung

Zusammenfassung Aussprache	DVD	Die industrielle Revolution. Großbritannien 1750–1850 (74 min) 1. Cromford Mill. Die erste Fabrik der Welt 2. Quarry Bank Mill. Arbeiten in einer Textilfabrik 3. Textiltechnologie. Von der Hand- zur Maschinenarbeit 4. Das eiserne Zeitalter. Coalbrookdale/Darbys 5. Dampfkraft. Symbol eines neuen Zeitalters 6. Eisenbahnen. Die Dampfmaschine lernt laufen 7. New Lanark Mill. Robert Owens Vision

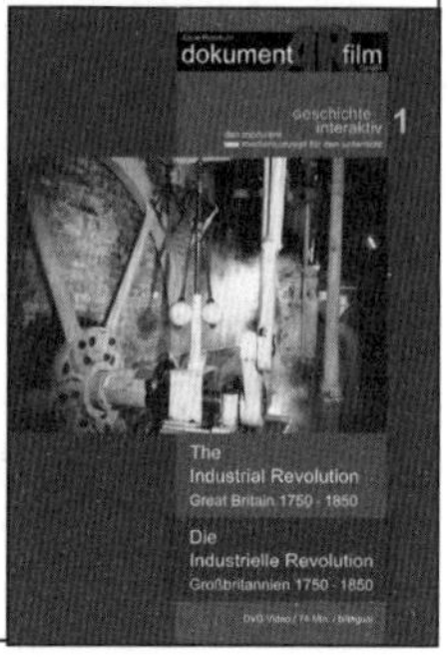

Hubert Albus: Von der industriellen Revolution bis zum Imperialismus
Best.-Nr. 780 © Brigg Pädagogik Verlag GmbH, Augsburg

Mechaniker an einer Dampfpumpe
Foto: Lewis W. Hine (1920)

Best.-Nr. 780 © Brigg Pädagogik Verlag GmbH, Augsburg

Bauer beim Schärfen einer Sense
Caspar Luyken (um 1700)

Best.-Nr. 780 © Brigg Pädagogik Verlag GmbH, Augsburg

Die vorindustrielle Gesellschaft im 17./18. Jahrhundert

In nahezu allen europäischen Staaten standen im 17. und auch noch im 18. Jahrhundert nach dem Kaiser oder König der weltliche Adel und der Klerus an der Spitze der Gesellschaftsordnung. Danach folgte ein Teil des städtischen Großbürgertums. Nur diese Oberschicht besaß vorwiegend die Produktionsfaktoren Boden und Kapital. Sie bestimmte, wer Land als Lehen erhielt. Besonders der 1. und 2. Stand ließ es sich gut gehen. Sie lebten fast ausschließlich vom Zehnt, der neben Abgaben in Form von Nahrungsmitteln auch Dienstleistungen einschloss, die die abhängigen Bauern leisten mussten. Außerdem waren Adel und Klerus bis weit in das 18. Jahrhundert von jeglicher Steuerzahlung befreit, die größte Steuerlast hatten die Bauern zu tragen.

Wer als Bauer oder gar als Höriger dieser deprimierenden Situation entkommen und in der Stadt einen Beruf ergreifen wollte, musste sich seine Freiheit erst erkaufen. Schon das war fast unmöglich. Ein weiteres Hindernis auf dem Weg in die Stadt und damit in die Freiheit waren die Zünfte und Gilden. Sie regelten die Zugehörigkeit zu einem Berufszweig in den Städten.

Um 1750 lebten in Deutschland neunzig Prozent der Einwohner auf dem Land, nur zehn Prozent wohnten in Städten. Rund achtzig Prozent der Menschen waren ausschließlich in der Landwirtschaft beschäftigt. Die übrigen waren handwerklich, kaufmännisch, militärisch oder amtlich in Städten tätig. Trotzdem waren Lebensziele und Glaube, Einstellung zu Tier und Natur, Familie und Erziehung, Berufswahl und Berufsausbildung noch ländlich geprägt. Bestimmend für das Verhalten der meisten Menschen war ihre Beziehung zum Glauben und zur Kirche. Sie interpretierte die Über- und Unterordnung von Menschen als von Gott gewollt und trug damit zur Wahrung der bestehenden Verhältnisse und Normen bei. Von technischem Fortschritt war wenig die Rede.

In Deutschland lebten um 1500 etwa 12 Millionen Menschen, um 1750 waren es schon rund 25 Millionen. Im Vergleich mit unserer Zeit waren die Städte um 1500 winzig. Zu dieser Zeit lag die Einwohnerzahl der meisten deutschen Städte noch unter 5000. Um 1600 hatten neben Köln und Augsburg nur Nürnberg, Prag, Wien und Hamburg mehr als 40 000 Einwohner. Bis 1750 waren nahezu alle Städte noch verhältnismäßig klein. Dann setzte ein relativ schnelles Wachstum ein. Um 1800 hatte London schon rund eine Million, Wien rund 250 000 und Berlin etwa 200 000 Einwohner. Alle diese Städte sind heute gewaltige Ballungszentren mit mehreren Millionen Einwohnern.

Vor der industriellen Revolution bildeten Mensch, Tier, Wasser und Wind die wichtigsten Energiequellen. Ende des 17. Jahrhunderts zeichnet sich ab, dass Muskel-, Wasser- und Windkraft bald nicht mehr ausreichen, die immer zahlreicher und vielfältiger werdenden Arbeitsmaschinen anzutreiben. Besonders deutlich wurde dies im Bergbau, wo die Antriebskraft der Pumpen zur Entfernung des in die Gruben einströmenden Wassers nicht mehr ausreichte. Gelöst wurde dieses Problem durch die Nutzung der Dampfmaschine, die schließlich zu einer Triebfeder der industriellen Revolution wurde.

Arbeitsaufgaben:

① Welche gesellschaftliche Rangordnung herrschte noch im 18. Jahrhundert?
② Welches Los hatten die Bauern?
③ Wer regelte die Zugehörigkeit zu Berufszweigen in den Städten? War dies notwendig?
④ Wovon lebte der Adel in dieser Zeit?
⑤ Welche Energiequellen wurden im 17. Jahrhundert genutzt?

Die Industrialisierung beginnt in England

Am 2. Juli 1779 wurde der erste Bogen der eisernen Brücke über den Fluss Severn in England errichtet. Es war das erste Mal, dass Gusseisen als Baumaterial verwendet wurde. Man errichtete die Brücke in einem Ausmaß, wie man sie bisher nur von Steinbrücken gewohnt war. Die industrielle Revolution in England hatte begonnen.

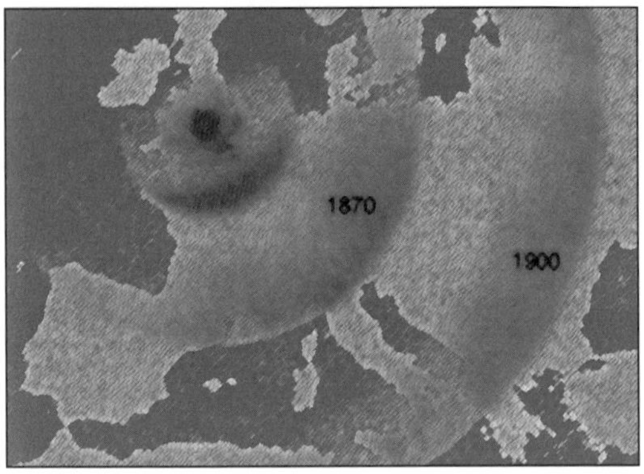

Im Jahre 1700 hatte England nur sechs Städte mit über 10000 Einwohnern gehabt – abgesehen von London, das schon damals eine große Stadt war. 150 Jahre später gab es schon 70 Städte mit mehr als 10000 Einwohnern. Vier von ihnen hatten sogar über 250000 Einwohner, nämlich Manchester, Liverpool, Birmingham und Glasgow. Ab 1780 wuchs die Bevölkerung Englands bis zur Mitte des 19. Jahrhunderts von acht auf achtzehn Millionen, bis 1900 auf rund 32 Millionen. Mehr als die Hälfte dieser Menschen wohnte in Städten. Die Lebensbedingungen dort waren für die meisten miserabel. Cholera, Typhus und Tuberkulose forderten zahlreiche Opfer in den Arbeiterfamilien, die am Rande des Verhungerns lebten.

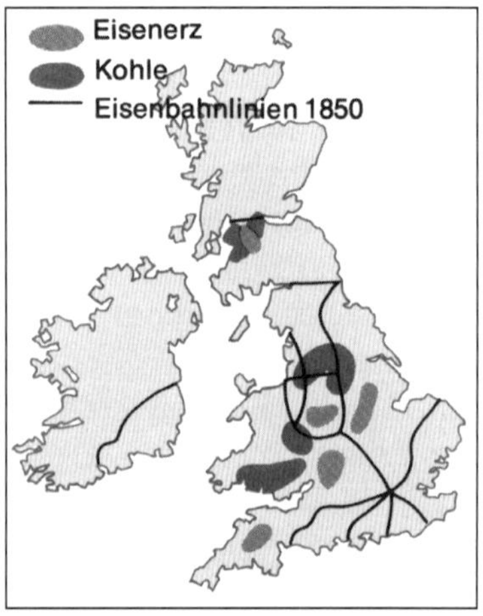

Mit der Bevölkerungszunahme erweiterte sich auch die Nachfrage nach Gütern, vor allem nach Textilien, nach Eisen und Maschinen. England nutzte, früher als andere Länder, die Kohle als Energiequelle. Bis weit ins 18. Jahrhundert war Eisen mithilfe von Holzkohle gewonnen worden, aber jetzt trat eine Energiekrise ein, die mindestens so ernst war wie die heutige. Die Wälder schrumpften – und die Eisengewinnung konnte nicht expandieren. Bis Abraham Darby, ein Eisen-Unternehmer, die Lösung fand: Steinkohle. Die Kohleförderung regte die Entwicklung der Dampfmaschine an und schuf die Basis für die Eisenproduktion, zumal England gewaltige Vorkommen an Eisenerz besaß. Das daraus gewonnene Eisen konnte man zwar nicht schmieden, aber gießen. In England entstanden nicht nur die ersten eisernen Brücken, sondern auch die ersten Dampfkessel, Räder und Schienen aus Eisen.

James Watt

Der Erfinder der Dampfmaschine war nicht **James Watt**. Der Franzose Denis Papin und der Engländer Thomas Savery hatten sich, unabhängig voneinander, um 1700 bemüht, Dampfmaschinen zu bauen. Schuld daran, dass die Arbeiten nicht über das Versuchsstadium hinauskamen, war das niedrige Niveau der damaligen Maschinenbautechnik. Der Schmied **Thomas Newcomen** verbesserte im Jahre 1712 die Anordnung von Papin, indem er eine Idee von Savery, den Dampferzeuger vom Zylinder abzutrennen, übernahm. Außerdem erkannte Newcomen, dass die Kondensation des Dampfes durch direktes Einspritzen von kaltem Wasser in den Zylinder beschleunigt wurde. James Watt verbesserte die Bautechnik und damit den Wirkungsgrad der Dampfmaschine und konstruierte sie so um, dass sie in den 90er-Jahren des 18. Jahrhunderts in der englischen Textilindustrie für den Antrieb von Spinn- und Webmaschinen, Walzen, Mühlen und zum Abpumpen des Grubenwassers in Bergwerken benutzt werden konnte.

Durch die rasch fortschreitende Industrialisierung konnte England nicht nur die Märkte kontrollieren, es konnte auch seinen Vorsprung in der industriellen Entwicklung das ganze 19. Jahrhundert hindurch halten und erlebte einen unglaublichen wirtschaftlichen Aufschwung. Zwischen 1800 und 1870 stieg zum Beispiel die Produktion von Roheisen auf das Sechzigfache und die Kohleförderung auf das Zehnfache. Da England nun einen Großteil des Weltmarktes mit Textilien, Eisen und Maschinen versorgte, verzehnfachte sich auch das Handelsvolumen. England war zum wirtschaftlichen Mittelpunkt der Welt geworden.

Hubert Albus: Von der industriellen Revolution bis zum Imperialismus
Best.-Nr. 780 © Brigg Pädagogik Verlag GmbH, Augsburg

Dampfmaschine (Modell)

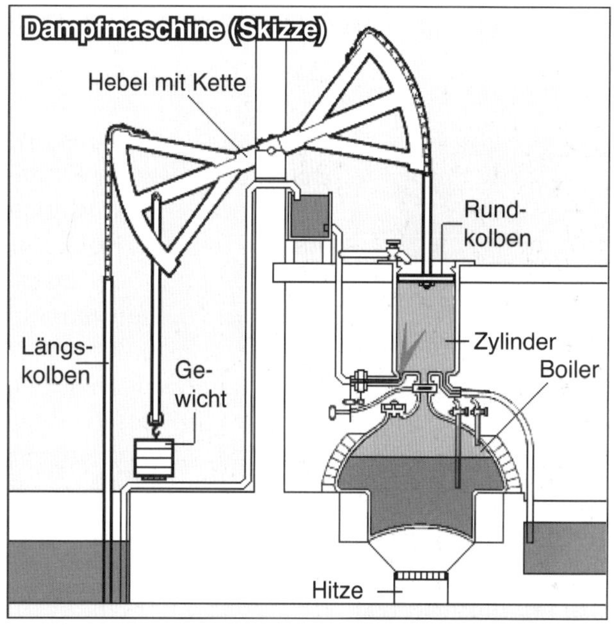

Dampfmaschine (Skizze)

Spinnmaschine (J. Hargreaves)

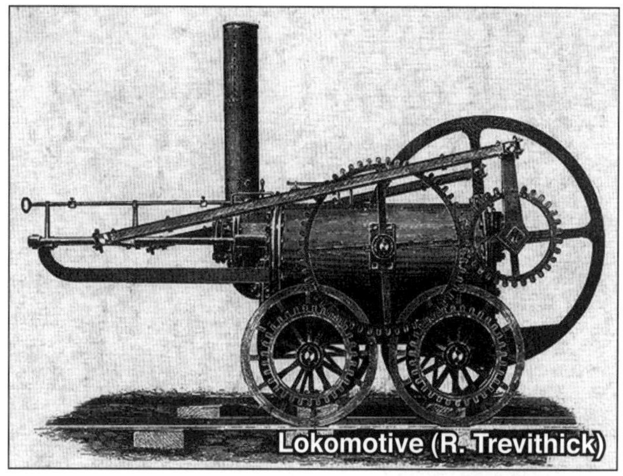
Lokomotive (R. Trevithick)

Robert Fulton

Schaufelraddampfer auf dem Rhein (1816)

Englische Erfindungen um 1800 ermöglichen den Aufstieg zur wirtschaftlichen Weltmacht

Schon ab 1700 baute England sein Kolonialreich schnell und konstant aus. Durch seine große Flotte beherrschte es die Meere und damit den globalen Handel. England importierte Rohstoffe und Lebensmittel zu Dumpingpreisen aus den Kolonien, die dann die Fertigprodukte aus dem Mutterland beziehen und teuer bezahlen mussten. Aufgrund dieser Handelsstrategien wurde im 18. Jahrhundert die industrielle Revolution in England eingeläutet. Zuerst entwickelte sich aus Manufakturen die Textilindustrie, dann folgten Bergbau und Eisenindustrie.

1768 erfand der Engländer **James Hargreaves** (1720–1778) die erste brauchbare Spinnmaschine, die er nach seiner Tochter Jenny „Spinning Jenny" nannte. Mit ihr war es möglich, Baumwollgarn automatisch herzustellen. Zwanzig Jahre später waren bereits 20000 solcher Spinnmaschinen in Betrieb. Die dadurch erzeugte riesige Garnmenge konnte von den Handwebstühlen gar nicht schnell genug verarbeitet werden. Der englische Barbier und Perückenmacher **Sir Richard Arkwright** (1732–1792) wurde zum Wegbereiter der modernen Großindustrie für preiswerte Textilien. Arkwright wandte sich der Mechanik zu, verbesserte ab 1768 die Spinnmaschine durch eine vollautomatische Garnzuführung und nannte sie „Waterframe" („Wassergestell"). Ab 1790 nutzte Arkwright die Dampfkraft zum Betreiben seiner Spinnmaschinen und wurde damit zum mächtigsten Textilfabrikant seiner Zeit. 1786 erfolgte die Erfindung des mechanischen Webstuhls durch den Engländer **Edmond Cartwright** (1743–1823). Angetrieben wurde der Webstuhl über eine unten liegende Nockenwelle und einen Exzenter mit Dampf und ging unter dem Namen „Power Loom" in die Geschichte ein.

Bereits um 1700 entstanden die ersten brauchbaren Dampfmaschinen, die zum Heraufpumpen von Wasser aus Steinkohlengruben verwendet wurden. Um die immer tiefer werdenden Schächte vor dem Wasserzudrang zu retten, waren stärkere Dampfmaschinen erforderlich. 1765 bis 1785 wurde die Dampfmaschine durch den Schotten **James Watt** (1736–1819) im Wirkungsgrad wesentlich verbessert. Er verlagerte den Kondensationsprozess aus dem Zylinder in einen separaten Kondensator. Die optimierte Dampfmaschine gab dem englischen Bergbau ungeahnte Ausdehnungsmöglichkeiten und schuf dadurch die Grundlage für die neuzeitliche Kohle- und Erzförderung. 1785 fand die Dampfmaschine Eingang in die Textilindustrie, 1790 in die Eisenindustrie, in den Maschinenbau, in den Bau von Dampfkesseln für Schifffahrt und in die Eisenbahn.

Richard Trevithick (1771–1833) baute 1804 die erste Lokomotive, eine auf Rädern und Schienen fahrende Hochdruckdampfmaschine mit fünffachem Atmosphärendruck. 1814 erfolgte der Bau der ersten leistungsstarken Lokomotive durch den Engländer **George Stephenson** (1781–1848). Er war zwar nicht der Erfinder der Dampflokomotive, wohl aber der erfolgreichste Eisenbahnpionier des beginnenden 19. Jahrhunderts. 1825 fuhr die erste englische Eisenbahn zwischen Stockton und Darlington. 1830 fuhr Stephensons Lokomotive von Liverpool nach Manchester bereits 57 km/h schnell.

1807 baute der amerikanische Ingenieur **Robert Fulton** (1765–1815) das erste Dampfboot. Schon 1816 fuhr der erste englische Raddampfer auf dem Rhein.

1833 wurde der Telegraf erfunden, ab 1855/56 die Entwicklung eines Verfahrens zur Massenerzeugung von Stahl durch den britischen Ingenieur und Erfinder **Henry Bessemer** (1813–1898).

Hubert Albus: Von der industriellen Revolution bis zum Imperialismus
Best.-Nr. 780 © Brigg Pädagogik Verlag GmbH, Augsburg

GE	Name: ______________________	Datum: ____________	

Die industrielle Revolution beginnt in England (1)

Die Industrialisierung begann in England während der zweiten Hälfte des 18. Jahrhunderts.

❶ Finde Gründe. Setze passende Wörter in die Lücken ein.

① Die Grundh__________________ war früher als in anderen Ländern Europas gelockert.

② In den Städten herrschte kein Z______zwang.

③ Im Gegensatz zu Deutschland gab es ein einheitliches W___________- und Z______system.

④ England hatte eine Vielzahl eigener Rohstoffvorkommen, besonders K_________ und E____.

⑤ Auch aus den Kolonien standen R__________ zur Verfügung.

⑥ Neue Technologien wie D_______________, S_______- und W_____maschinen, D________-schiffe, L_____________, W_______werke und F___________anlagen wurden eingesetzt.

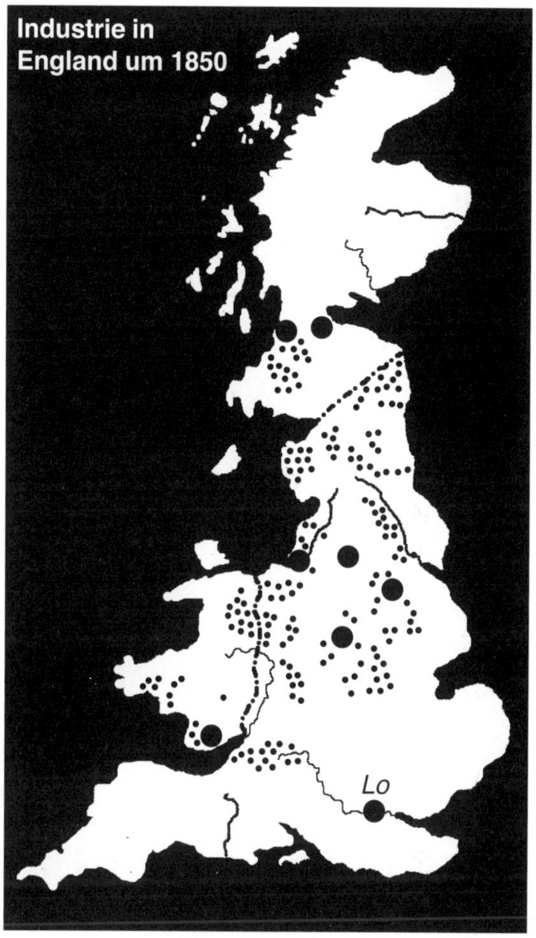

❷ Finde in der Karte rechts die Städte London (Lo), Manchester (Ma), Birmingham (Bi), Liverpool (Li), Cardiff (Ca), Sheffield (Sh), Newcastle (Ne), Glasgow (Gl), Edinburgh (Ed). Trage dann die wichtigsten Eisenerzfelder sowie die Hauptgebiete der Textil- und Metallindustrie ein. Welche Ressourcen sind auf dieser Karte schon eingezeichnet?

___________ [⁘] Eisenerz ◇
Metallindustrie ▬ Textilindustrie - - -

❸ Was weißt du über die Erfindung der Dampfmaschine? Informiere dich.

James Watt

____
____
____
____
____
____
____

❹ Welche Folgen brachte die Erfindung der Dampfmaschine mit sich?

☐ Massenproduktion ☐ Missernten ☐ Umweltverschmutzung ☐ Massennachfrage
☐ Planwirtschaft ☐ billigere Waren ☐ soziale Not ☐ freie Märkte ☐ Teuerungen

❺ In welchen Bereichen fanden durch die Industrialisierung Veränderungen statt?

____
____

GE Lösung

Die industrielle Revolution beginnt in England (1)

Die Industrialisierung begann in England während der zweiten Hälfte des 18. Jahrhunderts.

❶ Finde Gründe. Setze passende Wörter in die Lücken ein.

① Die Grundh*errschaft* war früher als in anderen Ländern Europas gelockert.

② In den Städten herrschte kein Z*unft*zwang.

③ Im Gegensatz zu Deutschland gab es ein einheitliches W*ährungs*- und Z*oll*system.

④ England hatte eine Vielzahl eigener Rohstoffvorkommen, besonders K*ohle* und E*rz*.

⑤ Auch aus den Kolonien standen R*ohstoffe* zur Verfügung.

⑥ Neue Technologien wie D*ampfmaschinen*, S*pinn*- und W*eb*maschinen, D*ampf*-schiffe, L*okomotiven*, W*alz*werke und F*örderungs*anlagen wurden eingesetzt.

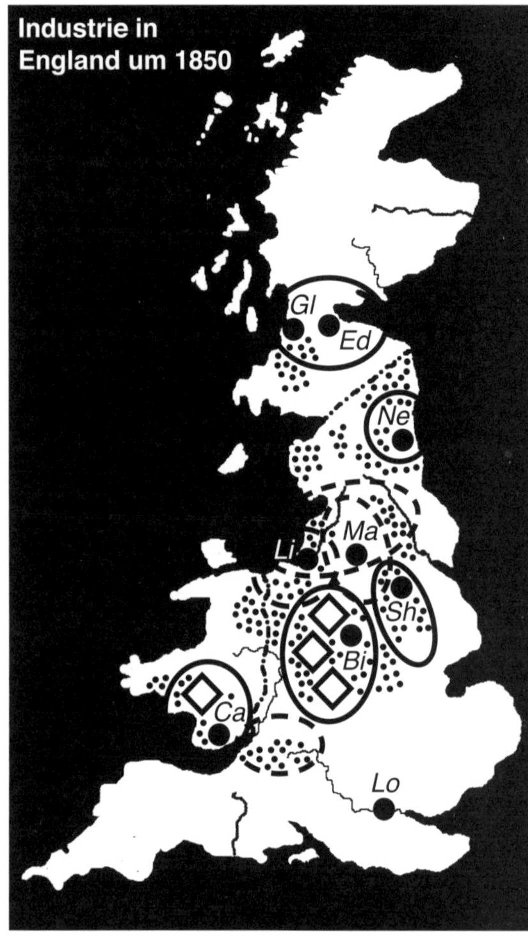

❷ Finde in der Karte rechts die Städte London (Lo), Manchester (Ma), Birmingham (Bi), Liverpool (Li), Cardiff (Ca), Sheffield (Sh), Newcastle (Ne), Glasgow (Gl), Edinburgh (Ed). Trage dann die wichtigsten Eisenerzfelder sowie die Hauptgebiete der Textil- und Metallindustrie ein. Welche Ressourcen sind auf dieser Karte schon eingezeichnet?

Kohle [⁘] Eisenerz ◇

Metallindustrie ▬ Textilindustrie - - -

❸ Was weißt du über die Erfindung der Dampfmaschine? Informiere dich.

James Watt

Die erste Dampfmaschine baute Thomas Newcomen 1712. Als Vorläufer erfand Denis Papin 1690 den Druckzylinder. 1698 entwickelte Thomas Savery die Dampfpumpe. James Watt verbesserte 1769 den Wirkungsgrad der Newcomen'schen Dampfmaschine.

❹ Welche Folgen brachte die Erfindung der Dampfmaschine mit sich?

☒ Massenproduktion ☐ Missernten ☒ Umweltverschmutzung ☒ Massennachfrage
☐ Planwirtschaft ☒ billigere Waren ☒ soziale Not ☒ freie Märkte ☐ Teuerungen

❺ In welchen Bereichen fanden durch die Industrialisierung Veränderungen statt?

Arbeitswelt (Maschinenarbeit mit hoher Produktivität); Verkehr (Ausbau des Eisenbahn- und Straßennetzes), Siedlungsbild (Industrielandschaft), Bevölkerung (rasanter Anstieg)

Hubert Albus: Von der industriellen Revolution bis zum Imperialismus
Best.-Nr. 780 © Brigg Pädagogik Verlag GmbH, Augsburg

GE	Name: ______________________	Datum: ____________	

Die industrielle Revolution beginnt in England (2)

Von 1800 bis 1850 verdoppelten bis verdreifachten sich die Einwohnerzahlen in fast allen Städten Englands. Die Nachfrage nach Gütern, besonders Textilien wurde immer größer.

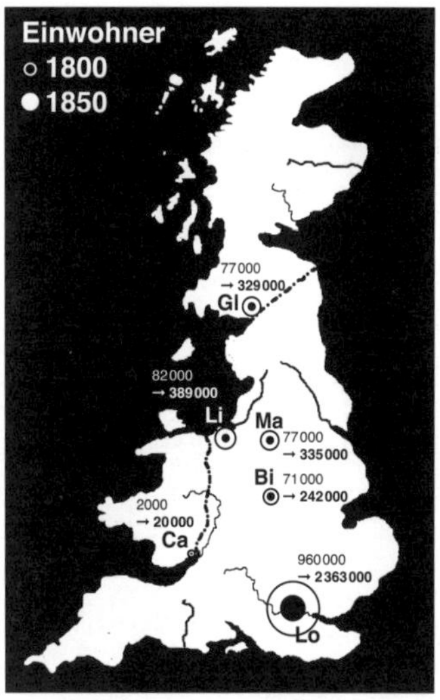

→  →  → 

Rasantes B__________-
____

→ Große N__________ nach Textilien aus B__________

Einfuhr von b________ Baumwolle (Kolonien)

→ M__________produktion

Voraussetzung dafür:
M____________________

1764 Erfindung der ______-maschine („Spinning Jenny“)

1769 Erfindung der
____

↓

P____________________
bis 200-fach (________ %)

↓

Immense G__________

B__________

E__________

S__________

M__________

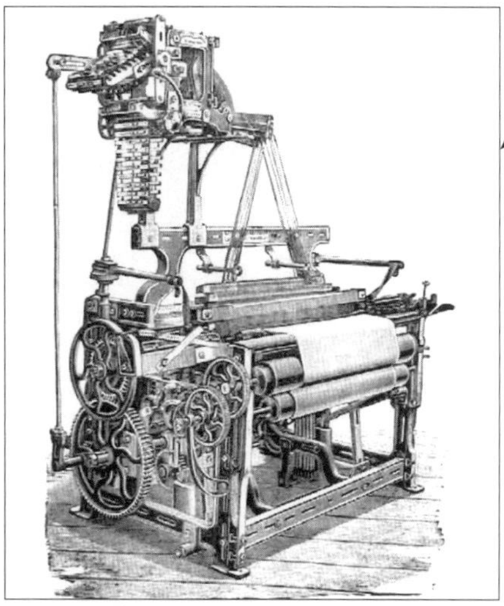

1795 Erfindung des mechanischen __________

GE | Lösung

Die industrielle Revolution beginnt in England (2)

Von 1800 bis 1850 verdoppelten bis verdreifachten sich die Einwohnerzahlen in fast allen Städten Englands. Die Nachfrage nach Gütern, besonders Textilien wurde immer größer.

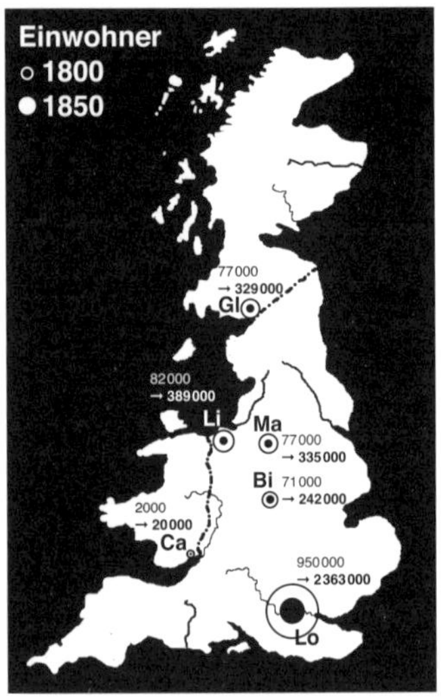

Rasantes B*evölke-rungswachstum* → Große N*achfrage* nach Textilien aus B*aumwolle*

Einfuhr von b*illiger* Baumwolle (Kolonien) → M*assen*produktion

Voraussetzung dafür: M*echanisierung*

1764 Erfindung der *Spinn*-maschine („Spinning Jenny“)

1769 Erfindung der *Dampfmaschine*

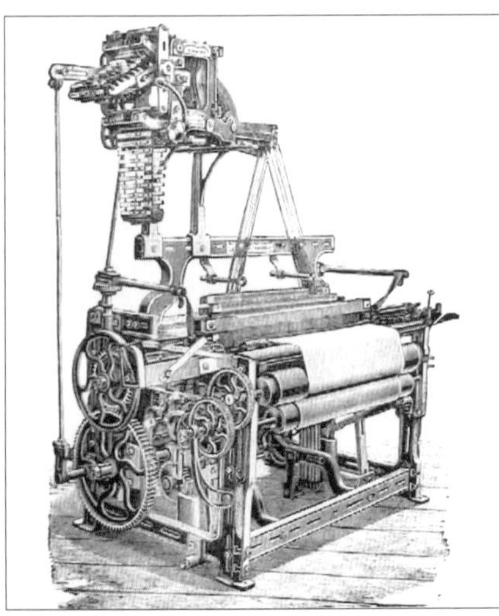

1795 Erfindung des mecha-chanischen *Webstuhls*

P*roduktionssteigerung* bis 200-fach (*20000* %)

Immense G*ewinne*

B*ergbau*

E*isenbahn*

S*chifffahrt*

M*etallindustrie*

Hubert Albus: Von der industriellen Revolution bis zum Imperialismus
Best.-Nr. 780 © Brigg Pädagogik Verlag GmbH, Augsburg

Die industrielle Revolution greift auf das Deutsche Reich über

Lerninhalte:

- Wissen um die Gründe, warum die industrielle Revolution im Deutschen Reich so spät stattfand
- Kenntnis der Gründe, warum die industrielle Revolution im Deutschen Reich doch erfolgreich war
- Kennenlernen des Verlaufs und der Folgen der Industrialisierung im Deutschen Reich
- Wissen um wichtige industrielle Standorte im Deutschen Reich um 1850
- Wissen um wichtige Erfindungen aus Technik und Medizin

Arbeitsmittel/Medien:

- Arbeitsblätter 1/2: Die industrielle Revolution greift auf das Deutsche Reich über
- Folien 1/2: Vier Bilder zur Industrialisierung
- Folie 3: Der Deutsche Bund 1818 (Karte)
- Folien 4/5: Die industrielle Revolution in Deutschland (1835–1870)
- Folien 6/7: Lösungsblätter zu den Arbeitsblättern 1/2
- Infoblätter 1/2: Die Familie Krupp
- Video 4210400: George Stephenson und die Eisenbahn (1991; 15 min; farbig)
- DVD 4664286: Meilensteine der Mobilität: Das Laufrad – Das Flugzeug – Die Eisenbahn – Das Automobil (60 min; farbig)

Die industrielle Revolution greift auf das Deutsche Reich über

Folie 3

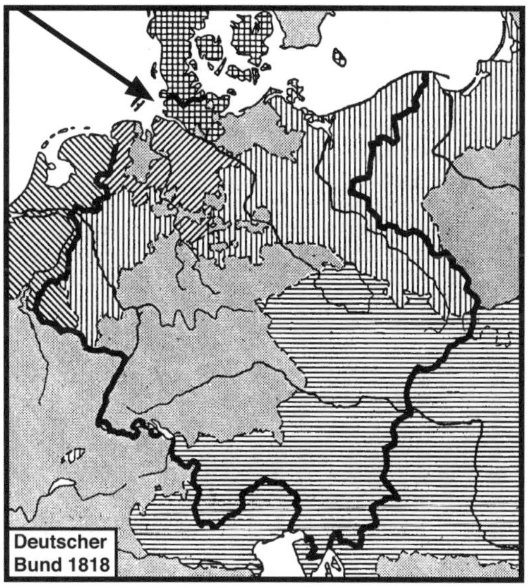

Gründe für die verspätete industrielle Revolution im Deutschen Reich (erst ab 1835):
- Zünfte behindern Berufswahl
- Grundherrschaft
- Der Deutsche Bund war mit 39 Einzelstaaten kein einheitliches Staatsgebilde (Zollgrenzen)

→

Gründe für den Erfolg der industriellen Revolution im Deutschen Reich:
- Gründung des Deutschen Zoll vereins 1834 → Abschaffung der Zollschranken
- Befreiung der Bauern
- Abschaffung des Zunftzwangs → Gewerbefreiheit
- Unternehmer werden staatlich gefördert

Best.-Nr. 780 © Brigg Pädagogik Verlag GmbH, Augsburg

Verlaufsskizze (4 UE)

I. Motivation

Stummer Impuls	Folien 1/2 (S. 19/20)	Maschinenfabrik von Friedrich Harkot/Riesenkanone von Alfred Krupp/Maschinenraum/Lokomotivfabrik von August Borsig
Aussprache Überleitung		L: Ab 1835 bricht das Zeitalter der industriellen Revolution auch im Deutschen Reich an.
Zielangabe	Tafel	**Die industrielle Revolution greift auf das Deutsche Reich über**

II. Begegnung/Erarbeitung

Impuls		L: Wie war die Situation vor Beginn der industriellen Revolution im Deutschen Reich?
Stummer Impuls Aussprache	Folie 3 (S. 17)	Karte: Deutscher Bund 1818
Zusammenfassung	Tafel	Gründe für die verspätete industrielle Revolution im Deutschen Reich (erst ab 1835)
Impuls		L: Warum verlief die industrielle Revolution im Deutschen Reich doch noch erfolgreich?
Aussprache Zusammenfassung	Tafel	Gründe für den Erfolg der industriellen Revolution im Deutschen Reich
Erlesen Aussprache	Folien 4/5 (S. 21/22)	Die industrielle Revolution im Deutschen Reich (1835–1870)
	Infoblätter 1/2 (S. 23/24)	Die Familie Krupp
Arbeitsaufgabe	Kurzreferat	Erstellen eines Kurzreferates
Aussprache Zusammenfassung Aussprache	Videofilm	George Stephenson und die Eisenbahn (15 min)

III. Wertung

Leitfragen		Vorteile und Nachteile, die die industrielle Revolution im Deutschen Reich mit sich brachte.
Aussprache Zusammenfassung		

IV. Sicherung

Zusammenfassung	Arbeitsblatt 1 (S. 25)	Die industrielle Revolution greift auf das Deutsche Reich über (1)
Kontrolle	Folie 6 (S. 26) Arbeitsblatt 2 (S. 27)	Die industrielle Revolution greift auf das Deutsche Reich über (2)
Kontrolle	Folie 7 (S. 28)	

V. Ausweitung

Zusammenfassung	DVD	Meilensteine der Mobilität: Das Laufrad – Das Flugzeug – Die Eisenbahn – Das Automobil (60 min)
Aussprache Arbeitsauftrag		Halte zu jeder der Personen, die auf dem zweiten Arbeitsblatt angesprochen wurden, ein Kurzreferat. Es soll eine kurze Lebensbeschreibung und die Leistung der Person enthalten. Plane auch den Einsatz von Anschauungsmaterial (Bilder auf OHP, Plakate, u. U. auch Filmausschnitte). Informiere dich in Lexika und im Internet. Suche außer Wikipedia auch noch andere Quellen.
Kurzreferate		

Maschinenfabrik von Friedrich Harkort
auf der Burg Wetter an der Ruhr 1819
Gemälde von Alfred Rethel 1834

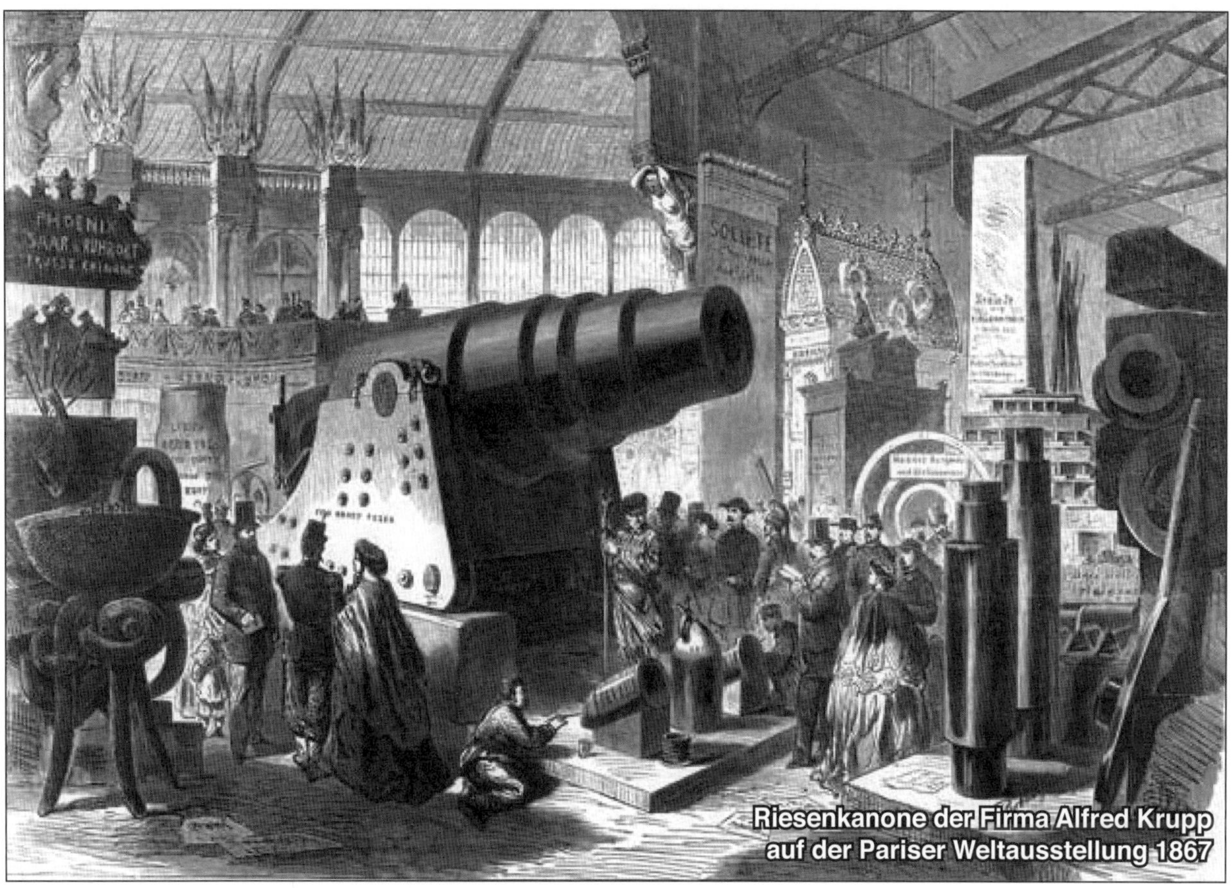

Riesenkanone der Firma Alfred Krupp
auf der Pariser Weltausstellung 1867

Best.-Nr. 780 © Brigg Pädagogik Verlag GmbH, Augsburg

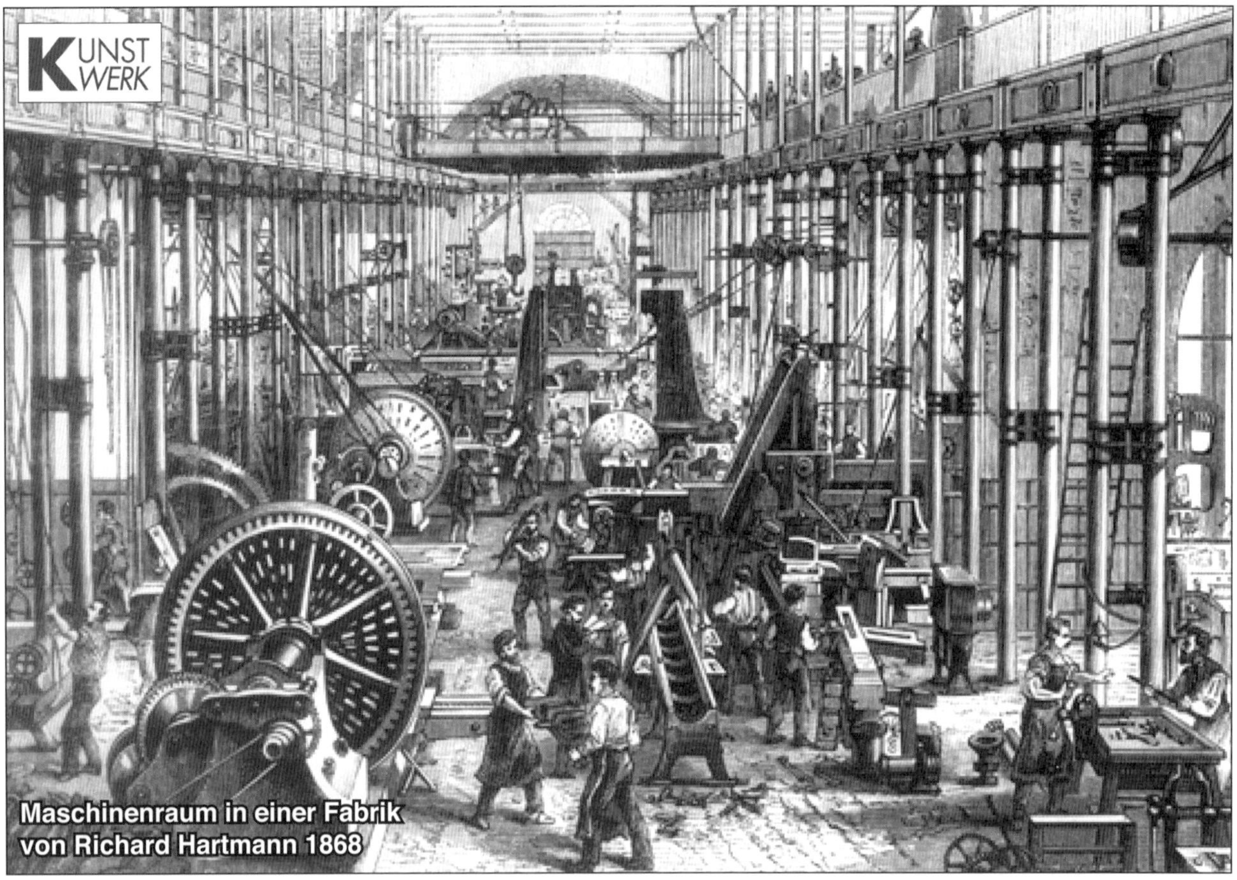
Maschinenraum in einer Fabrik
von Richard Hartmann 1868

Lokomotivfabrik von August Borsig in Berlin
Gemälde von Karl Eduard Biermann 1847

Best.-Nr. 780 © Brigg Pädagogik Verlag GmbH, Augsburg

Die industrielle Revolution in Deutschen Reich (1835–1870)

Im Deutschen Reich beginnt die Industrialisierung erst um 1835.
Eine wichtige Voraussetzung dafür war der Beginn des Eisenbahnbaus dar. Am 7. Dezember 1835 wurde als erste deutsche Eisenbahnverbindung die Kurzstrecke von Nürnberg nach Fürth eröffnet. Bereits 1836 nutzten durchschnittlich 615 Reisende je Tag und Richtung diese sechs Kilometer lange Strecke.
Um 1850 verfügten nur England und Belgien über ein zusammenhängendes Eisenbahnnetz. Das Deutsche Reich, das 1850 noch nicht den Stand der Industrialisierung seiner westlichen Nachbarländer erreicht hatte, war den beiden Ländern im Eisenbahnbau voraus.

Das Streckennetz betrug 1850 rund 6000 km, 1871 waren es schon 19500 km. In vielen deutschen Ländern gab es nur Staatsbahnen. In Preußen war 1857 etwa die Hälfte der Bahnen in staatlichem Besitz.

Große Bedeutung für die Industrialisierung hatten die Rohstoffe Kohle und Stahl. Erst mit ihnen verzeichnete die Schwerindustrie im Deutschen Reich um 1840 einen zuerst langsamen, dann immer schneller verlaufenden Boom. Diese Expansion war eine Folge des Eisenbahnbaus und gab der Industrialisierung neue Impulse.

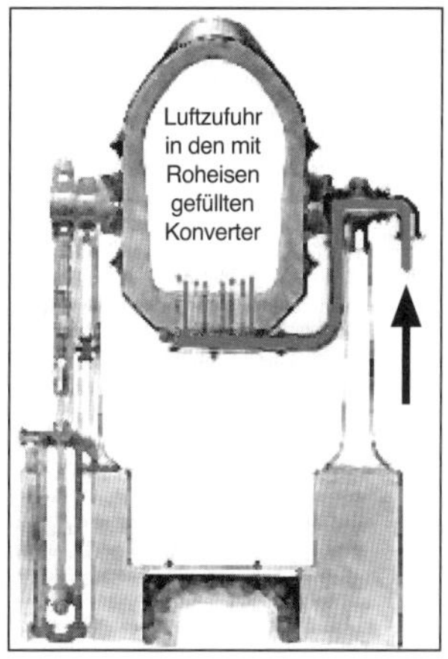

Durch die von Henry Bessemer im Jahr 1855 erfundene „Bessemer-Birne" wurden die Voraussetzungen für die künftige Massenerzeugung von Stahl geschaffen.
In der Textilindustrie wurde der Handwebstuhl durch die mechanische Webmaschine ersetzt.

Die zum Antrieb notwendigen Dampfmaschinen wurden nun nicht mehr aus England importiert, sondern ab 1850 im Deutschen Reich hergestellt. Technische Neuerungen wie Dampfhammer und Siemens-Martin-Ofen für die Stahlerzeugung verbilligten die Produktion und weiteten den Absatz aus.
Maschinenbau, Kohleverbrauch, Gusseisenproduktion und Verbrauch an Baumwolle zeigten, dass von 1850 bis 1870 die deutsche Industrialisierung ihren Rückstand gegenüber dem westlichen Europa aufgeholt hatte.

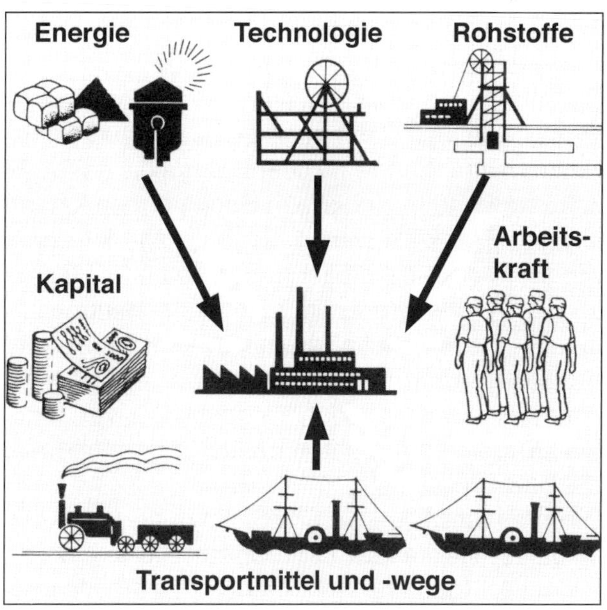

Um sinnvoll produzieren zu können, müssen alle vier **Produktionsfaktoren** (Boden, Kapital, Arbeit und Bildung) ausreichend vorhanden sein.

Folgen der Industrialisierung

Eine Folge der Industrialisierung war die Massenproduktion. Güter konnten nun zu günstigen Preisen hergestellt und auch verkauft werden. Der Lebensstandard stieg langsam, für den kleinen Mann auf der Straße wurde dies allerdings erst gegen Mitte des 19. Jahrhunderts spürbar. In den Jahrzehnten zwischen 1850 und 1870 waren steigende Löhne und eine Verkürzung der Arbeitszeit auf 12 bis 13 Stunden täglich die Regel. Einige Unternehmer sorgten für Arbeitersiedlungen, womit sich auch die Wohnverhältnisse verbesserten.
Die industrielle Revolution brachte aber vor allem zwei Probleme mit sich:

❶ Das rapide Ansteigen der Arbeitslosigkeit aufgrund der rigorosen Rationalisierungsmaßnahmen der Unternehmer und, damit verbunden, die immer brennender werdende soziale Frage Mitte des 19. Jahrhunderts kam es im Deutschen Reich zu Hungers- und Wohnungsnöten und zu einer deutlichen Verschlechterung des Lebensstandards. Besonders betroffen war das Proletariat: die Arbeiterklasse, kleine Bauern und Handwerker, also die sozial schwächste Schicht. Häufig sank ihr Einkommen unter das Existenzminimum.
Zur sozialen Not trug auch bei, dass das Heimgewerbe – vorwiegend in der Textilindustrie – immer weniger rentabel wurde. Gegen die nun stattfindenden Hungerrevolten wurde sogar das Militär eingesetzt. Auch der schlesische Weberaufstand von 1844 wurde mit Waffengewalt niedergeschlagen.
Die Arbeitsverhältnisse waren für heutige Begriffe unvorstellbar, denn ein Arbeitstag dauerte bis zu sechzehn Stunden. Zudem waren die gesundheitlichen und hygienischen Bedingungen katastrophal. Frauen erhielten nur halb so viel Lohn wie Männer. Die Arbeiter hatten keinerlei Recht, an der Verbesserung der teils menschenunwürdigen Arbeitsverhältnisse mitzuwirken. Von den Arbeitern wurde unbedingter Gehorsam gegenüber den Befehlen der Vorgesetzten verlangt. Bei Ungehorsam drohten Entlassungen, ebenso bei Unpünktlichkeit.
Die Weltausstellung von 1851 im Londoner Kristallpalast verbreitete mit großem Glanz die Erfolge von Industrie und Technik. Kehrseite der Medaille war das Elend der breiten Massen in überfüllten Städten, die dem gewaltigen Zustrom vom Land nicht gewachsen waren.
Viele Fabrikarbeiter, aber auch größere Teile der

Handwerker, der Kleingewerbetreibenden und der Händler, konnten zu Beginn der Industrialisierung zum Zwecke ihrer Versorgung mit Nahrungsmitteln noch auf ihren landwirtschaftlichen Besitz zugreifen. Mit der Ausweitung der Fabrikarbeit und der damit verbundenen Zunahme von Betrieben lösten sich die bäuerlichen und handwerklichen Familienverbände auf.
Das dunkelste Kapitel der Industrialisierung war aber die Kinderarbeit. Kinder mussten häufig bis zu zwölf Stunden täglich unter gesundheitsschädigenden Bedingungen in Bergwerken und Fabriken arbeiten. Eine Schulbildung wurde als unnötig angesehen. Sehr bald erkannte man aber, dass Frauen- und Kinderarbeit negative Auswirkungen für die Familie, die Gesundheit, die Erziehung und auch für die Effektivität der Arbeit mit sich brachte.
In England kam es bereits in den 30er- und 40er-Jahren des 19. Jahrhunderts zu ersten Fabrikgesetzen und zu Einschränkungen der Frauen- und Kinderarbeit. Die Kinderarbeit zu Beginn des 20. Jahrhunderts war zwar ganz aufgehoben, jedoch war das Problem langer Arbeitszeiten noch nicht zufriedenstellend gelöst. 1825 mussten Arbeiter wöchentlich noch 82,5 Stunden, 1910 nur noch 57 Stunden tätig sein. Das Ziel von industriellen Unternehmern, Bankiers und Großkaufleuten an Gewinnsteigerung und Marktbeherrschung geriet mit dem Interesse der Arbeiter an Steigerung des Lohns, Sicherung des Arbeitsplatzes und Schutz vor Krankheit, Alter und Invalidität in ein Spannungsverhältnis, das später zu Streiks, Lohnkämpfen und Aussperrungen führte.

❷ Die gewaltigen ökologischen Probleme, die das ungehemmte Wirtschaftswachstum mit sich brachte.
Für die Produktion von Eisen und Stahl mussten enorme Mengen an Kohle verbrannt werden, wodurch die Luft durch Rauch, Schwermetalle und giftiges Schwefeldioxid stark belastet wurde. Gewässer und Böden wurden durch hochgiftige Schwermetalle wie Cadmium, Blei und Quecksilber unwiderruflich geschädigt, Abwässer wurden ungefiltert in die Flüsse geleitet, das Grundwasser verseucht. Mit dem rasanten Anwachsen der Städte wurde der Bedarf an Boden immer größer. Durch exzessive Bebauung, Zerschneidung und Versiegelung der Böden sank der Grundwasserspiegel in erschreckendem Maß.

Hubert Albus: Von der industriellen Revolution bis zum Imperialismus
Best.-Nr. 780 © Brigg Pädagogik Verlag GmbH, Augsburg

Die Familie Krupp

Anfang des 19. Jahrhunderts wurde aus der angesehenen Essener Kaufmannsfamilie Krupp die Industriellenfamilie Krupp. Mit vielen Beteiligungen an Zechen[1] und Hüttenwerken wird der Grundstein für ein späteres Imperium gelegt. Friedrich Krupp, der Gründer der Friedrich Krupp Gussstahlfabrik, war wenig erfolgreich, der Bedarf an Gussstahl zu dieser Zeit noch gering. Er produzierte Bestecke, Kochtöpfe und andere Kleinstahlwaren. Als er 1826 starb zählte seine Firma gerade einmal sieben Beschäftigte.

Alfred Krupp

Sein Sohn Alfred führte das Unternehmen fort, bestrebt den besten Stahl herzustellen und die rationellsten Fertigungsmethoden zu entwickeln. Der Aufschwung kam Mitte des 19. Jahrhunderts vor allem durch Aufträge aus dem stark wachsenden Bergbau.

Die zunehmende Bedeutung der Eisenbahn verschaffte der Firma Krupp zusätzlich viele Aufträge.

Erstmals auf der Weltausstellung 1851 in London stellte die Firma Krupp eine Kanone aus Gussstahl vor, eher als Werbegag denn mit tatsächlicher Verkaufsabsicht. In der zweiten Hälfte des 19. Jahrhunderts wurden Kanonen neben Eisenbahnteilen zum Produktionsschwerpunkt. Geliefert wurde nicht nur dem preußischen Kriegsministerium, sondern auch nach Holland, Belgien, Ägypten sowie nach England, dem Hauptkonkurrenten auf dem Stahlmarkt. „Kanonenkönig" wurde Alfred Krupp vor allem durch den Krieg gegen Frankreich 1870/71, dessen Erfolg den Krupp-Geschützen zugeschrieben wurde. Die Verbindung zur Politik blieb eng, Kaiser Wilhelm II. war häufiger Gast in der Villa Hügel, seit 1875 Wohnsitz der Familie. Die Waffenschmiede Krupp war zur Durchsetzung der politischen Pläne unverzichtbar.

Vor dem Ersten Weltkrieg wuchs der Krupp Konzern unter Alfreds Sohn Friedrich-Alfred auf 80 000 Mitarbeiter an, allein in Essen waren es über 40 000. Krupp hatte die Stahlproduktion durch den Bau von Hochöfen vervielfacht. Zum Konzern gehörten ebenso Zechen, Kokereien[2] und Werften für Kriegsschiffe. Einverleibt wurden auch konkurrierende Fabriken und Gießereien. Krupp war vor dem Ersten Weltkrieg der größte europäische Konzern und Rüstungslieferant für das deutsche Reich. Als Waffenschmiede dienten sich die Krupps auch den Nationalsozialisten an, nun in der vierten und fünften Generation. Gustav Krupp von Bohlen und Halbach und sein Sohn Alfried Krupp von Bohlen und Halbach wurden 1937 von Adolf Hitler zum Wehrwirtschaftsführer ernannt. Gustav Krupp wurde Mitglied der NSDAP. Alfried Krupps Eintritt in die NSDAP erfolgte ein Jahr später. Adolf Hitler war sehr oft ein gern gesehener Gast in der Villa Hügel, bescherte er doch Krupp lukrative Aufträge. Über 25 000 Zwangsarbeiterinnen beschäftigte das Unternehmen während des zweiten Weltkrieges „zum Wohle des deutschen Volkes". Die Krupp Werke waren ab 1943 Ziel der alliierten Bombardierung. Nach dem Krieg war das Werk zu zwei Dritteln zerstört, der größte Teil der noch funktionstüchtigen Anlagen wurde demontiert und als Reparationsleistung ins Ausland gebracht. Alfried Krupp wurde im Nürnberger Kriegsverbrecherprozess zu zwölf Jahren Gefängnis verurteilt, kam aber schon 1951 wieder frei. 1967 wurde die Firma Friedrich Krupp nach dem Willen von Alfried Krupp von Bohlen und Halbach in eine Stiftung umgewandelt. Damit endete die Krupp-Dynastie. Die Firma lebt als GmbH fort und ist seit 1999 mit dem Thyssen-Konzern fusioniert, die ThyssenKrupp AG. Von der einstweiligen Bedeutung ist heute nichts mehr gegenwärtig.

In Essen ist Krupp heute noch spürbar, zwar gibt es keine Produktionsstätten mehr, dennoch hat die Fabrik der Stadt ihren Stempel aufgedrückt. Durch die stetige Expansion der Firma Krupp wurde im Laufe der Zeit das Stadtbild nachhaltig verändert. So wurden unter anderem wertvolle, große Teile der einstigen Stadtmauer und deren Wachtürme abgerissen und dem Erdboden gleich gemacht – ein nicht mehr gutzumachender Schaden.

[1] Zusammenschluss mehrer Personen zum Betreiben eines Bergwerks

[2] Aus Kohle wird Koks und Rohgas gewonnen (wichtig für die Stahlherstellung)

Best.-Nr. 780 © Brigg Pädagogik Verlag GmbH, Augsburg

Die Stadt verlor durch den Abriss historischer Gebäude ihre über Jahrhunderte entstandene geschichtliche Identität. Das riesige Firmengelände (einst fast ein Drittel der Stadtfläche, unter anderem mit Fabriken für LKW und Eisenbahnbau) wurde nach dem Zweiten Weltkrieg nur teilweise wieder aufgebaut. Heute ist es Gewerbegebiet und zum Teil, immer noch, Brachland. Die wenigen, erhaltenen Werkshallen werden heute als Musical-Theater, als Parkhaus oder als Veranstaltungsort für Flohmärkte genutzt. Die noch vorhandenen Arbeitersiedlungen gelten heute als architektonische Besonderheit. Sie sind trotz der Zerstörungen im Zweiten Weltkrieg in der Substanz gut.
Schon vor Bismarck hat Alfred Krupp versucht, mit einer Doppelstrategie aus umfassender „Fürsorge" und eingreifender Kontrolle seine Arbeiter sowohl ans Werk zu binden als auch zu entpolitisieren. Zum finanziellen Anreiz begann der Aufbau von Sozialeinrichtungen, welche zur Absicherung der Arbeiter beitragen sollten. 1853 wurde die bereits 1836 als Selbsthilfeeinrichtung der Arbeiter bestehende Krankenkasse in eine Pflichtversicherung umgewandelt. 1855 wurde eine Pensionskasse eingerichtet. Bei Weitem kamen nicht alle Betriebsangehörige in den Genuss dieser sogenannten Wohlfahrtspolitik. Die Mitglieder der Krupp'schen Pensionskasse, in die alle beschäftigten Arbeiter 2,5 Prozent vom Lohn einzahlen mussten, erhielten nur dann betriebliche Rentenleistungen, wenn sie bei nachgewiesener Arbeitsunfähigkeit mindestens 15 bis 20 Jahre ununterbrochen in Diensten der Fa. Krupp gestanden hatten. Das hielten allerdings die Wenigsten durch. Viele Arbeiter, die an Feuerstätten (Hochöfen etc.) arbeiteten, wurden kurz vor Erreichen der nötigen Jahre einfach entlassen. In den Jahren 1885 bis 1907 wurden zwar an 6424 Betriebsangehörige Pensionen in Höhe von 17,7 Millionen Mark (der Bau der Villa Hügel kostete fast genau so viel) ausgezahlt, doch über 90 Prozent der Kassenmitglieder gingen leer aus und wurden ein Fall für die Armenfürsorge. Der Krupp'sche Wohnungsbau machte an den verschiedenen Ausführungen der Wohnungen das Gefälle innerhalb der Belegschaft deutlich. Waren die sogenannten Meisterhäuser an der Hügelstraße 1861 massiv aus Stein gebaut, bestand die 1863 errichtete Siedlung Alt-Westend aus einfachen Fachwerkgebäuden. Durch Kontrolle und Isolierung versuchte Krupp seine Firma im Inneren zu stabilisieren und vor den sich bildenden Arbeiterbewegungen abzuschotten. Da die Siedlungen über eine eigene Infrastruktur verfügten (Konsum, Schule, Marktplatz etc.), waren die Voraussetzungen bestens. Darüber hinaus verlor jeder Arbeiter, egal ob mit Familie und Kindern, bei einer Kündigung das Wohnrecht in den eigenen Krupp-Siedlungen und hatte seine Wohnung am Tage der Kündigung zu räumen. Er stand mit seiner Familie mittellos auf der Straße. Diese Abhängigkeit der Beschäftigten grenzte an Sklaverei. Bei genauer Betrachtung der „sozialen Einstellung" Krupps kommt man nicht umhin, das in unserer Gesellschaft positiv dargestellte Bild Krupps kritischer zu sehen. Für Alfred Krupp war nicht die soziale Fürsorge wichtig, sondern in erster Linie der wirtschaftliche Erfolg seiner Firma, ungeachtet menschlichen Leids, das er tausendfach verursacht hat.

Arbeitsaufgaben

Erstelle ein Kurzreferat über die Firma Krupp. Nimm den Text oben als Arbeitsgrundlage und informiere dich zusätzlich im Internet. Schreibe dann Stichwortkärtchen.

❶ **Friedrich Krupp (1787–1826) in Essen**	❷ **1812 Gründung einer Gussstahlfabrik durch Friedrich Krupp**	❸ **Unternehmen wirtschaftlich wenig erfolgreich**
❹ **Alfred Krupp (1812–1887) in Essen**	❺ **1826 Firmenübernahme durch Alfred Krupp**	❻ **1830 beginnender Aufstieg → Schienen und Achsen → Eisenbahn**

Hubert Albus: Von der industriellen Revolution bis zum Imperialismus
Best.-Nr. 780 © Brigg Pädagogik Verlag GmbH, Augsburg

GE	Name: ______________________	Datum: ____________	

Die industrielle Revolution greift auf das Deutsche Reich über (1)

Im Deutschen Reich erfolgte der Übergang zum Maschinenzeitalter ähnlich wie in England, aber viel später und langsamer. So wurde z. B. zu Beginn des 19. Jahrhunderts von den etwa 250 000 Baumwollspindeln noch keine mit Dampf betrieben. Ebenso ließ die Einführung des mechanischen Webstuhls noch länger auf sich warten. Erst um 1835 begann nach englischem Vorbild der Bau von Maschinenfabriken.

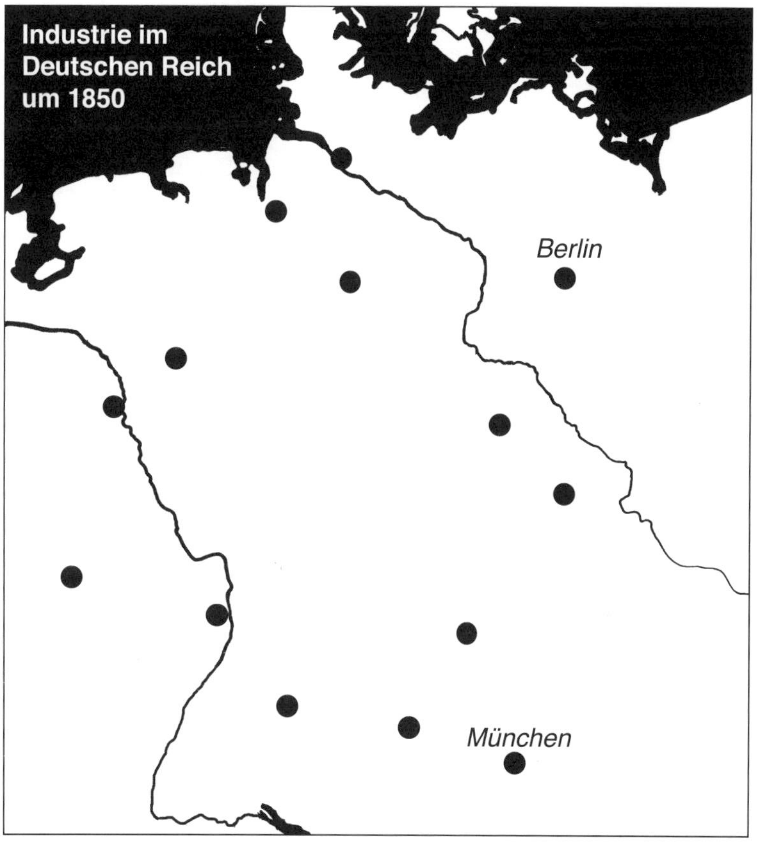

❶ Trage in die Karte rechts folgende Städte mit den ersten beiden Buchstaben ein:
Bremen, Augsburg, Saarbrücken, Köln, Dortmund, Leipzig, Dresden, Mannheim, Nürnberg, Stuttgart, Hannover.
Trage dann die Hauptgebiete der Textil- und der Metallindustrie ein.

Textilindustrie - - -
Metallindustrie ——

❷ Kennzeichne kurz die industrielle Revolution im Deutschen Reich.

- Technik: ______________________
  ____
- Rohstoffe: ______________________
- Energieträger: ______________________
- Verkehr: ______________________
- Kommunikation: ______________________
- Staat: ______________________

❸ Welche wichtigen Industriebetriebe wurden im Deutschen Reich im 19. Jahrhundert gegründet?

____

____

❹ Welche positiven und negativen Folgen brachte die Industrialisierung mit sich?

____

____

____

____

____

GE | Lösung

Die industrielle Revolution greift auf das Deutsche Reich über (1)

Im Deutschen Reich erfolgte der Übergang zum Maschinenzeitalter ähnlich wie in England, aber viel später und langsamer. So wurde z. B. zu Beginn des 19. Jahrhunderts von den etwa 250 000 Baumwollspindeln noch keine mit Dampf betrieben. Ebenso ließ die Einführung des mechanischen Webstuhls noch länger auf sich warten. Erst um 1835 begann nach englischem Vorbild der Bau von Maschinenfabriken.

❶ Trage in die Karte rechts folgende Städte mit den ersten beiden Buchstaben ein:
Bremen, Augsburg, Saarbrücken, Köln, Dortmund, Leipzig, Dresden, Mannheim, Nürnberg, Stuttgart, Hannover.
Trage dann die Hauptgebiete der Textil- und der Metallindustrie ein.

Textilindustrie - - -
Metallindustrie ——

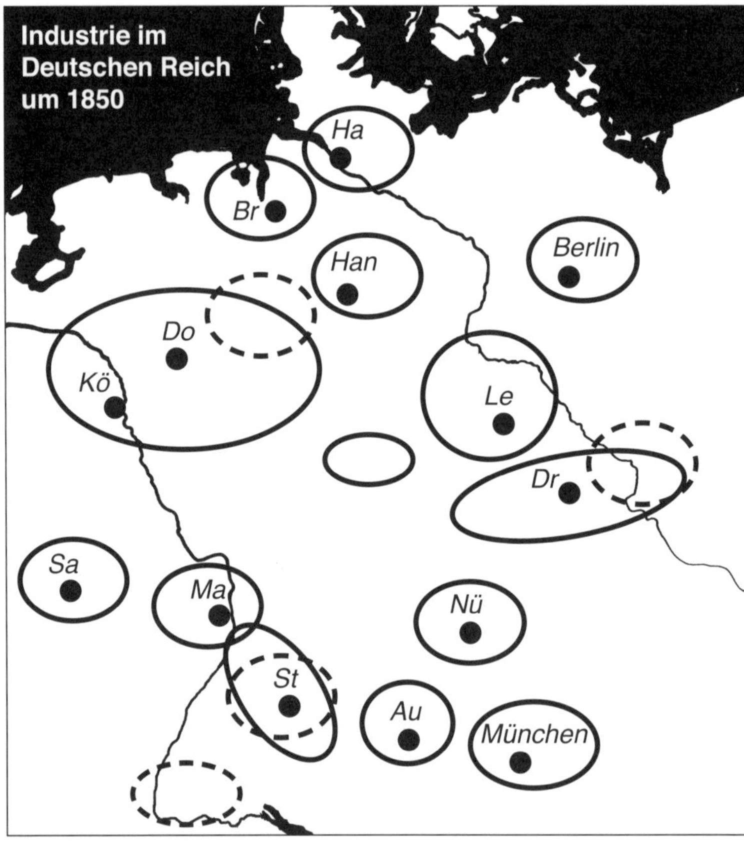

❷ Kennzeichne kurz die industrielle Revolution im Deutschen Reich.

- Technik: *Dampfmaschine, mechanischer Webstuhl*
- Rohstoffe: *Eisenerz, Kohle*
- Energieträger: *Kohle*
- Verkehr: *Eisenbahn*
- Kommunikation: *Telegrafie*
- Staat: *Rechtsstaat, Bürgertum*

❸ Welche wichtigen Industriebetriebe wurden im Deutschen Reich im 19. Jahrhundert gegründet?
Krupp (1812), Thyssen (1867), Maxhütte (1872), Borsig (1836), Siemens (1847), AEG (1887), Schering (1871), Hoechst (1863), BASF (1866), Bayer (1881), Benz (1871)

❹ Welche positiven und negativen Folgen brachte die Industrialisierung mit sich?
① negativ: Ausnutzung der Arbeiter durch geringe Löhne; Frauen- und Kinderarbeit; Armut; katastrophale Wohnverhältnisse; Umweltzerstörung ② positiv: Lohnanstieg ab 1850; Sozialversicherungen ab 1883; Mobilität; Hygiene; medizinische Versorgung

Best.-Nr. 780 © Brigg Pädagogik Verlag GmbH, Augsburg

GE	Name: ______________________	Datum: ____________	

Die industrielle Revolution greift auf das Deutsche Reich über (2)

Erfindungen aus Technik, Medizin, Physik und Chemie

Wie heißen die Männer, von denen die oben angeführten Erfindungen stammen? Recherchiere im Internet.

____

____

____

____

____

Hubert Albus: Von der industriellen Revolution bis zum Imperialismus
Best.-Nr. 780 © Brigg Pädagogik Verlag GmbH, Augsburg

GE Lösung

Die industrielle Revolution greift auf das Deutsche Reich über (2)

Erfindungen aus Technik, Medizin, Physik und Chemie

Wie heißen die Männer, von denen die oben angeführten Erfindungen stammen? Recherchiere im Internet.

J. F. August Borsig (Lokomotive), Robert Koch (Tbc-Erreger), Werner von Siemes (Dynamo), Carl Zeiss (optische Geräte), Wilhelm Conrad Röntgen (Strahlen), Karl Friedrich Gauß (elektromagn. Telegraf), Alfred Krupp (Gussstahl), Nikolaus Otto (Benzinmotor), Rudolf Diesel (Dieselmotor), Philipp Reis (Telefon), Carl Benz (Auto), Justus Liebig (Nahrungsmittelchemie), Robert Wilhelm Bunsen (Gasbrenner)

Best.-Nr. 780 © Brigg Pädagogik Verlag GmbH, Augsburg

Arbeiten und Leben in der industriellen Welt

Lerninhalte:

- Wissen um Erfindungen, die das Leben der Menschen veränderten
- Kenntnis der Voraussetzungen, dem Verlauf und den Folgen der Industrialisierung ab 1871
- Fähigkeit, die soziale Situation um 1900 mit der heutigen zu vergleichen
- Erkennen der Glanz- und Schattenseiten der industrialisierten Welt
- Erkennen, dass die sozialen Missstände zwangsläufig zur sozialen Frage führen

Arbeitsmittel/Medien:

- Arbeitsblätter 1/2/3/4: Arbeiten und Leben in der industriellen Welt 1/2/3/4
- Bilder 1/2 für die Tafel: Menschenunwürdiges Wohnen/Slums in Glasgow 1868
- Folien 1/2: Die industrielle Revolution im Deutschen Reich (1871–1914)
- Folien 3/4: Glanz und Elend
- Folie 5: Bilder aus „Mein Milljöh" (Heinrich Zille)
- Folien 6/7: Lösungsblätter zu den Arbeitsblättern 3/4
- DVD 4652458: Die industrielle Revolution (2005; 74 min; farbig)

Heinrich Zille
Frauen in der Kneipe, 1909

Folie 5

Heinrich Zille
Garderobe, 1904

Heinrich Zille
Ringkampf in der Schaubude, 1903

Verlaufsskizze (4 UE)

I. Motivation

Stummer Impuls	Tafel Bild 1 (S. 31)	Küche in London um 1880
	Tafel Bild 2 (S. 32)	Slums in Glasgow 1868
Aussprache		
Zielangabe	Tafel	**Arbeiten und Leben in der industriellen Welt**

II. Begegnung/Erarbeitung

Impuls		L: Erfindungen verändern das Leben der Menschen
Aussprache		
Arbeitsaufgabe	Partnerarbeit	L: Welche Erfindungen verändern das bisherigen vorindustrielle Leben der Menschen? Je zwei Bilder passen zusammen.
	Arbeitsblätter 1/2 (S. 37/38)	
Zusammenfassung	Tafel	① → B (Schmiede → Dampfhammer) ② → D (Windmühle → Dampfmaschine) ③ → C (Pferdekutsche → Eisenbahn) ④ → A (Dreschflegel → Dreschmaschine) ⑤ → E (Petroleumlampe → Glühbirne) ⑥ → G (Segelschiff → Schaufelraddampfer) ⑦ → F (optische Telegrafie → Morseapparat) ⑧ → J (Handwebstuhl → Webmaschine) ⑨ → H (Fesselballon → Flugzeug Gebrüder Wright) ⑩ → I (Schmied → Eisenwalzwerk)
	Folien 1/2 (S. 33/34)	Die industrielle Revolution im Deutschen Reich (1871–1914)
Erlesen mit		
Aussprache		
Stummer Impuls	Tafel	600 000 Menschen lebten in Berlin in Wohnungen, in denen jedes Zimmer (ca. 15 m^2) mit mehr als fünf Personen belegt war.
Aussprache		
Impuls		L: Wie viele Wohnungen waren überbelegt?
Aussprache		
Diskussion		Wohnen um 1900 und heute – ein Vergleich?

III. Wertung

Stummer Impuls	Folien 3/4 (S. 35/36)	Glanz ... und Elend
Aussprache		
Impuls		L: Heinrich Zille, ein berühmter Berliner Maler, bringt uns die Zeit um 1900 in seinen Bildern nahe.
Stummer Impuls	Folie 5 (S. 29)	Heinrich Zille: „Mein Milljöh“
Aussprache		
Lehrerinfo	Bild (S. 41)	„Schlafgänger“: Im Zeitalter der Industrialisierung waren Wohnungen knapp. Gegen ein geringes Entgelt konnten Menschen Betten für ein paar Stunden mieten, wenn ihre Besitzer sie nicht brauchten.

IV. Sicherung

	Arbeitsblatt 3 (S. 39)	Arbeiten und Leben in der industriellen Welt (3)
Kontrolle	Folie 6 (S. 40)	
	Arbeitsblatt 4 (S. 41)	Arbeiten und Leben in der industriellen Welt (4)
Kontrolle	Folie 7 (S. 42)	

V. Ausweitung

Zusammenfassung	DVD	Die industrielle Revolution (74 min)
Aussprache		

Hubert Albus: Von der industriellen Revolution bis zum Imperialismus
Best.-Nr. 780 © Brigg Pädagogik Verlag GmbH, Augsburg

Küche in London um 1880

Slums in Glasgow 1868
Foto: Thomas Annan

Best.-Nr. 780 © Brigg Pädagogik Verlag GmbH, Augsburg

Die industrielle Revolution im Deutschen Reich (1871–1914)

Voraussetzungen der Industrialisierung

Die Gründerzeit, die vom Zeitraum her oft unterschiedlich lang definiert wird, nämlich von 1850 bis 1873, von 1871 bis 1890 oder sogar von 1850 bis 1914, ist die wirtschaftliche Phase im Deutschen Reich und in Österreich im 19. Jahrhundert, in der die Industrialisierung in Mitteleuropa stattfand und deren Anfänge in den 1840er-Jahren liegen. Nach der Angliederung des Elsass und Lothringens 1871 an das Deutsche Reich lebten dort rund 40 Millionen Menschen. Vor Beginn des Ersten Weltkrieges 1914 waren es bereits knapp 70 Millionen. Das starke Wachstum der Bevölkerung machte es notwendig, die Produktivität in der Landwirtschaft zu steigern, aber auch Nahrungsmittel zu importieren und Industriegüter zu exportieren. Im Deutschen Reich wurden viele Voraussetzungen für die ökonomische und industrielle Entwicklung geschaffen. Preußen nahm dabei aufgrund seiner Größe und militärischen Überlegenheit die Führungsrolle ein.

Seit etwa 1800 war Bildung Voraussetzung für einen sozialen Aufstieg. Die vom Staat getragene Bildungsoffensive des 19. Jahrhunderts war eine wesentliche Ursache für den wirtschaftlichen Aufschwung des Deutschen Reiches. Zu ihr gehörte vorrangig die Verbesserung der Allgemeinbildung, die intensive Förderung der technischen Ausbildung, die Aufwertung des Hochschulstudiums und die Errichtung wissenschaftlicher Forschungsstätten, auch außerhalb der Universitäten.

Durch Maßnahmen des Staates gelang es, die bitterste Armut zu beheben und die menschenunwürdigen Zustände in Fabriken und Armenvierteln zu lindern. Unter dem Druck der Gewerkschaften sowie der sozialistischen und sozialliberalen Parteien wurde die Sozialgesetzgebung zum Schutze der Schwachen erweitert.

Verlauf der Industrialisierung

Von 1850 bis 1870 war Eisen der wichtigste Werkstoff im Maschinenbau, Schiffsbau und Eisenbahnbau. Danach wurde Eisen durch den hochwertigeren Stahl ersetzt. Bei der Herstellung von Stahl wird der im Roheisen enthaltene Kohlenstoff von knapp unter fünf Prozent auf Werte von unter zwei Prozent abgesenkt. Das Thomas-Verfahren ermöglichte die Verhüttung phosphorhaltiger Erze und senkte die Produktionskosten um mehr als 80 Prozent. Von 1871 bis 1913 stieg die Stahlerzeugung um das Achtzigfache. Allerdings gilt Thomasstahl als schlecht schweißbar. Der hohe Wasserstoffgehalt begünstigt Kaltrisse, was bei Schweißarbeiten an alten Stahlkonstruktionen besonders zu berücksichtigen ist. Als vorbeugende Maßnahme wurden beim Schweißen Zusatzwerkstoffe mit hoher Zähigkeit verwendet. Mitte der 1970er-Jahre wurde in der Bundesrepublik Deutschland, seit Anfang der Achtzigerjahre in den meisten Ländern, die Produktion von Thomasstahl eingestellt und das Thomasverfahren selbst durch ein besseres Verfahren abgelöst.

1893 war die Stahlerzeugung im Deutschen Reich zum ersten Mal größer als die in England. Gründe dafür waren neben den größeren Rohstoffstoffvorkommen und dem Einsatz von größeren Hochofenanlagen auch die größeren Kapitalzusammenschlüsse. Die größten Eisen- und Stahlproduzenten waren seit 1890 allerdings die Vereinigten Staaten von Amerika.

In der chemischen Industrie wurden in England und im Deutschen Reich synthetische Stoffe erfunden. Nach der Teerfarbenproduktion 1856 in England, die als Beginn der organischen Chemieindustrie gilt, folgten die Produktion von synthetischen Düngemitteln (1857), der erste Kunststoff Celluloid (1869) und verschiedene Farbstoffe. 1878 gelang dem Chemiker Adolf von Baeyer die synthetische Herstellung von Indigo-Blau (Jeans-Farbe) im Labor, wofür er 1905 den Nobelpreis für Chemie erhielt. Ende des 19. Jahrhunderts wurden von Chemikern schließlich pharmazeutische Wirkstoffe entwickelt wie Acetylsalicylsäure als Schmerzmittel, Chloralhydrat als Schlafmittel und Ether als Narkotikum. Das Aufblühen der chemischen Industrie ging Hand in Hand mit der Wissenzunahme und der Zahl der Beschäftigten in der Chemiebranche. Zwischen 1860 bis 1900 stiegen sowohl die Zahl als auch die Größe von Chemieunternehmen wie die BASF, die Badische Anilin- und Sodafabrik (gegründet 1866) und Bayer/Elberfeld (gegründet 1881) stark an. In der Herstellung von Schwefelsäure und in der Entwicklung der Farbstoffindustrie nahm im Deutschen Reich um die Jahrhundertwende eine führende Rolle in Europa ein.

In der Metallindustrie wurden neue Werkstoffe wie Stahllegierungen und Aluminium hergestellt. Auch die Glas-, Papier-, Zement-, Gummi- und Keramikindustrie war innovativ tätig.

Die industrielle Nutzung der Elektrizität als Energiequelle war durch eine lange experimentelle und wissenschaftliche Forschung während des 19. Jahrhunderts vorbereitet worden. Die Elektrizität eroberte sich ihren Platz, zuerst für die Erzeugung von Licht durch die Erfindung der Glühlampe. 1879 entwickelte der amerikanische Wissenschaftler Thomas Edison die Glühbirne weiter, aber er erfand sie nicht. Das war der deutsche Uhrmacher Heinrich Goebel, der 1854 die erste Glühbirne konstruierte. Nur leider gab es damals noch kein Stromnetz, weshalb Goebel niemanden vom Nutzen seiner Erfindung überzeugen konnte. Seine Idee wurde vergessen. 1879 baute Werner Siemens den ersten Webstuhl mit elektrischem Antrieb. In den beiden letzten Jahrzehnten des 19. Jahrhunderts stieg die Nachfrage nach elektrischem Strom äußerst stark an.

Unabhängig voneinander konstruierten Gottlieb Daimler zusammen mit Wilhelm Maybach und Carl Benz 1885 einen Kraftwagen mit der Kombination von Fahrgestell und Motor. In den Jahren 1900 und 1901 wurde in der „Daimler-Motoren-Gesellschaft" das erste moderne Automobil gebaut. Zu einer ersten Massenfertigung von Kraftwagen per Fließband kam es 1908 durch Henry Ford in Detroit in Nordamerika.

Die Finanzierung der stark expandierenden Betriebe konnte immer weniger durch einzelne Personen oder Familien geleistet werden, sondern bedurfte des Kapitalzusammenschlusses in sogenannten Aktiengesellschaften. Der Außenhandel und die Handelsschifffahrt wurden erweitert, der Export (nicht nur von Waren, sondern auch von Kapital) wurde immer wichtiger. Das Deutsche Reich begann, sich an dem Wettlauf um die Aneignung von Kolonien zu beteiligen und die Rüstungsindustrie auszubauen.

Folgen der Industrialisierung

Wandel der Arbeitsverhältnisse

Mit zunehmender Industrialisierung mussten immer mehr Menschen ihren Lebensunterhalt für sich und die Familie in einem industrialisierten Betrieb verdienen. Arbeitsrhythmus, Arbeitsgestaltung, die Länge der Arbeitszeit und die Arbeitsteilung wurden nun durch den Rhythmus und die Anforderungen der Maschinenarbeit bestimmt. Der Fabrikbesitzer achtete ohne Rücksicht auf den einzelnen Arbeiter darauf, dass seine Maschinen so effizient wie möglich eingesetzt wurden, um seine Gewinne zu steigern. Durch die verstärkte Arbeitsteilung in den Fabriken verlor der einzelne Arbeiter den Überblick über das Endprodukt und über den Zusammenhang des ganzen Arbeitsprozesses, die Identifizierung mit dem Produkt wurde erschwert. Zudem litten viele Arbeiter an der streng hierarchischen Organisation eines Großbetriebes.

Wandel der Lebensverhältnisse

Gegen Ende des 19. Jahrhunderts lebte im Deutschen Reich mehr als die Hälfte der Bevölkerung in Städten, die für viele Menschen als Tore zu einem besseren Leben galten. Neben dem Zugang zu Bildung und Kultur boten sie Chancen auf Wohlstand und gesellschaftlichen Aufstieg. Durch das schnelle Wachstum der Städte entstanden neue Arbeitsbereiche bei den Dienstleistungen, der Polizei, der Stadtreinigung. Auch die Arbeiter verdienten besser. So stieg der durchschnittliche reale Jahresverdienst von Arbeitnehmern in Industrie, Handel und Verkehr von 1871 bis 1913 um etwa achtzig Prozent. Jetzt konnten die Arbeitnehmer einen immer größeren Lohnanteil auch für anderes als Nahrungsmittel ausgeben, vor allem für Wohnen und Kleidung. Zum Teil lag dies an den niedrigen Preisen der wichtigsten Grundnahrungsmittel. Verbesserungen bei Ernährung und Kleidung, eine Erhöhung der durchschnittlichen Lebenserwartung und ein Zurückdrängen der Säuglings- und Kindersterblichkeit ließen das Leben auch für die unteren Bevölkerungsschichten allmählich erträglicher werden. 1871 erreichte nur jeder sechste Mann und nur jede fünfte Frau das 70. Lebensjahr, 1919 dagegen war es jeder vierte Mann und jede dritte Frau. Der Fleisch- und Weinkonsum stieg weit stärker an – ein Indiz für ein angenehmeres Leben für viele, aber nicht für alle.

Glanz und ...

Best.-Nr. 780 © Brigg Pädagogik Verlag GmbH, Augsburg

... Elend

Best.-Nr. 780 © Brigg Pädagogik Verlag GmbH, Augsburg

GE	Name: ______________________	Datum: ____________	

Arbeiten und Leben in der industriellen Welt (1)

Erfindungen verändern das Leben der Menschen

Arbeitsaufgabe:

Je zwei Bilder passen zusammen, nämlich ein Bild aus der Zeit vor der industriellen Revolution und eines während oder nach der Industrialisierung. Ordne die Ziffern den passenden Großbuchstaben zu. Beispiel: 0 → Z. Suche dann zu den Bildern die jeweils passenden Begriffe. Beispiel: Spinnrad → Spinnmaschine.

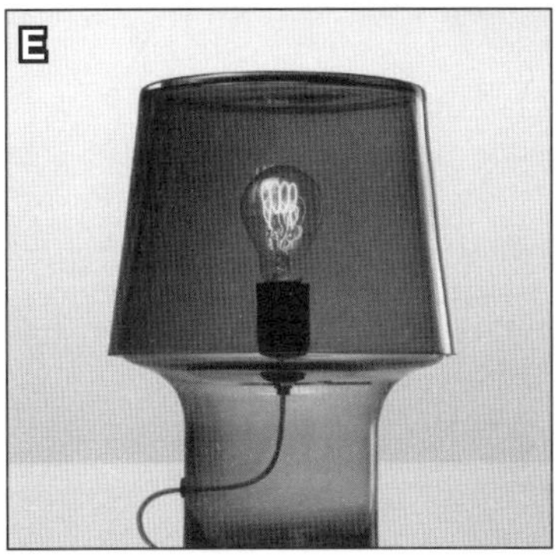

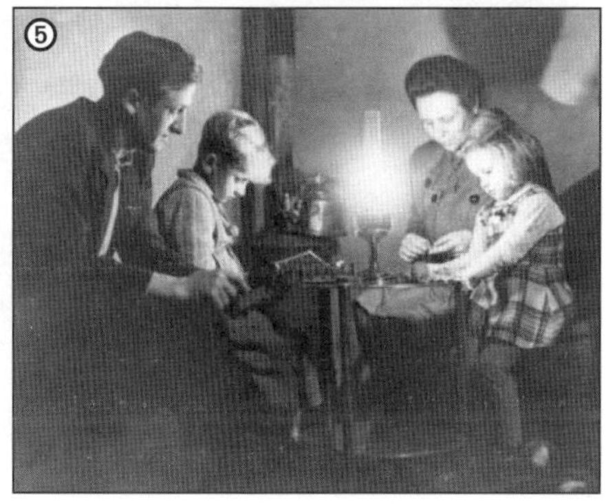

GE	Name: ______________________	Datum: ____________	

Arbeiten und Leben in der industriellen Welt (2)

Erfindungen verändern das Leben der Menschen

F

6

7

8

G

9

10

H

I

J

Hubert Albus: Von der industriellen Revolution bis zum Imperialismus
Best.-Nr. 780 © Brigg Pädagogik Verlag GmbH, Augsburg

GE	Name: ____________________	Datum: __________	

Arbeiten und Leben in der industriellen Welt (3)

Die glänzende Seite der industriellen Welt

❶ Wo zeigten sich Großstädte von ihrer Sonnenseite?

____

____

____

____

❷ Von welchen Faktoren war die Stellung des Menschen in der Industriegesellschaft abhängig?

____

____

____

____

❸ Warum waren viele Unternehmer so erfolgreich?

____

____

____

____

❹ Wer zählte neben erfolgreichen Unternehmern noch zu den „Honoratioren" der Gesellschaft?

____

____

____

____

❺ Was kann sich das reiche Bürgertum alles leisten?

____

____

____

____

____

❻ Beschreibe das Bild links.

____

____

____

GE | Lösung

Arbeiten und Leben in der industriellen Welt (3)

Die glänzende Seite der industriellen Welt

❶ Wo zeigten sich Großstädte von ihrer Sonnenseite?

Errichten von Prachtbauten; Ausbau von Straßen; Elektrifizierung; Entstehen von Theatern, Varietés, Vergnügungsvierteln; Ausbau der Kanalisationssysteme zur Verbesserung der Hygiene; bessere Trinkwasserversorgung; steigendes Nahrungsangebot; medizinische Fortschritte

❷ Von welchen Faktoren war die Stellung des Menschen in der Industriegesellschaft abhängig?

Zu Beginn der Industrialisierung von der Herkunft (Adel, Bürgertum, Arbeiter, Bauern), vom Geschlecht, von der Konfession, vom Wohnort (Stadt oder Land), später aber auch vom Einkommen, von der Leistung und der Bildung

❸ Warum waren viele Unternehmer so erfolgreich?

Einsatz von Kapital und Maschinen, unternehmerischer Mut, Teilnahme am freien Wettbewerb, sehr geringe Löhne (Überangebot an Arbeitskräften), rigoroses Gewinnstreben, rücksichtslose Ausbeutung der Arbeiter

❹ Wer zählte neben erfolgreichen Unternehmern noch zu den „Honoratioren" der Gesellschaft?

Großhändler und Fabrikanten, aber auch Ärzte, Apotheker, Richter, Gelehrte, Gymnasialprofessoren und Geistliche zählten zu den Gesellschaftsschichten mit großem Ansehen.

❺ Was kann sich das reiche Bürgertum alles leisten?

Gepflegte Kleidung, eine gut eingerichtete Wohnung, Besuche, Studium der Söhne finanzieren, eine reiche Aussteuer für die Töchter mitgeben, Tanzstunden, Feste, Anstandsunterricht

❻ Beschreibe das Bild links.

Wohlhabendes Bürgertum mit wertvollen Möbeln, Teppichen, gut gekleidet, zwei Kinder

Hubert Albus: Von der industriellen Revolution bis zum Imperialismus
Best.-Nr. 780 © Brigg Pädagogik Verlag GmbH, Augsburg

GE	Name:	Datum:	

Arbeiten und Leben in der industriellen Welt (4)

Die Kehrseite der Medaille: Leben im Abseits

„Mietskasernen" in Berlin um 1900

Einzimmerwohnung (12 m²) für Eltern, Kinder und „Schlafgänger"

❶ Was sind „Mietskasernen"? Wie sind dort die Wohnverhältnisse?

❷ Was meinst du zu folgendem Text? Vergleiche mit der heutigen Wohnsituation.

Um 1900 gab es allein in Berlin rund 75000 Haushalte, die nur ein einziges Zimmer mit einer Wohnfläche von rund 12 m² hatten. Bis zu zehn Personen mussten in diesem einen Raum leben, wobei die meisten Familienmitglieder kein eigenes Bett besaßen.

❸ Diese Wohnverhältnisse zerstörten das Familienleben. Inwiefern?

❹ Was weißt du über die Arbeitsbedingungen der Arbeiter?

Grundriss einer „Mietskaserne"

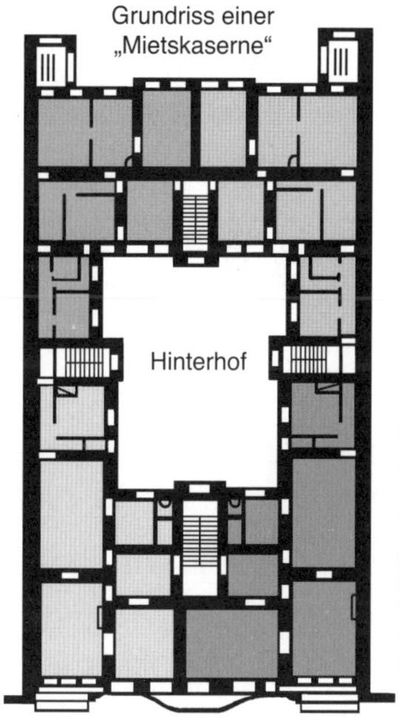

❺ Welche Belastungen hatte eine Hausfrau zu tragen?

❻ Umweltschutz lag damals sehr im Argen. Inwiefern?

GE | Lösung

Arbeiten und Leben in der industriellen Welt (4)

Die Kehrseite der Medaille: Leben im Abseits

„Mietskasernen" in Berlin um 1900

Einzimmerwohnung (12 m²) für Eltern, Kinder und „Schlafgänger"

❶ Was sind „Mietskasernen"? Wie sind dort die Wohnverhältnisse?

Behelfsbauten mit hohen Mieten, Kleinstwohnungen, feuchte Räume, miserable sanitäre Verhältnisse (ein WC/ein Wasserhahn für mehrere Familien), Untermieter („Schlafgänger")

❷ Was meinst du zu folgendem Text? Vergleiche mit der heutigen Wohnsituation.

Um 1900 gab es allein in Berlin rund 30000 Haushalte, die nur ein einziges Zimmer mit einer Wohnfläche von rund 12 m² hatten. Bis zu zehn Personen mussten in diesem einen Raum leben, wobei die meisten Familienmitglieder kein eigenes Bett besaßen.

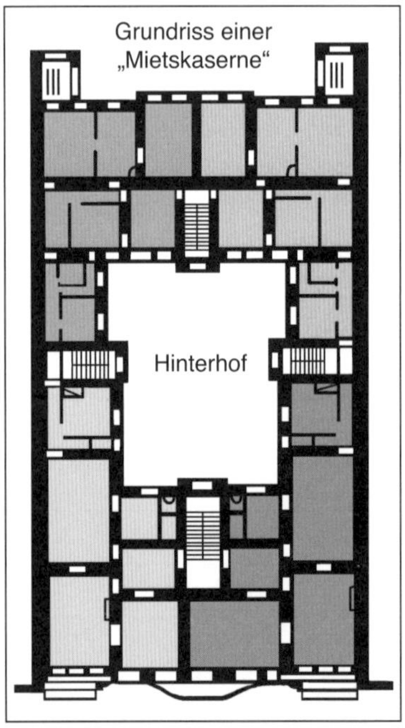

❸ Diese Wohnverhältnisse zerstörten das Familienleben. Inwiefern?

Männer gingen ins Wirtshaus, Vertrinken des Lohnes, Streit, noch größere Armut, alkoholbedingte Krankheiten, Gewalt gegen Frauen und Kinder, Prostitution, Kriminalität, Gefängnis

❹ Was weißt du über die Arbeitsbedingungen der Arbeiter?

Auch um 1900 überlange Arbeitszeiten (bis zu elf Stunden täglich), niedrige Löhne, oft ungesunde Arbeitsbedingungen (Hitze, Kälte, Abgase, Lärm), Kinder- und Frauenarbeit (als Zuerwerb), drakonische Strafen für Verspätungen (fünf Minuten = ein Viertel Tageslohn), ständige Angst vor Entlassungen (auf jede Arbeitsstelle fallen zehn Arbeitssuchende)

❺ Welche Belastungen hatte eine Hausfrau zu tragen?

Aufstehen um 4 Uhr, Ofen anheizen, Wasser tragen, viele Kinder versorgen, waschen, ca. zwölf Stunden arbeiten (Zuerwerb), nähen, stricken, zahlreiche Schwangerschaften, putzen u. a.

❻ Umweltschutz lag damals sehr im Argen. Inwiefern?

Luftverschmutzung (Fabriken), Smog, Wasserverschmutzung (Abwasser, Chemikalien), Stäube → Krankheiten

Hubert Albus: Von der industriellen Revolution bis zum Imperialismus
Best.-Nr. 780 © Brigg Pädagogik Verlag GmbH, Augsburg

Wer löst die soziale Frage?

Lerninhalte:

- Wissen um die Ursachen der sozialen Frage
- Kenntnis von verschiedenen Lösungsansätzen zur sozialen Frage
- Wissen um die Leistungen von Adam Smith
- Erkennen und Beurteilen der marxistischen Lehre
- Erkenntnis, dass der Kommunismus ab 1989 stark an Bedeutung verloren hat

Arbeitsmittel/Medien:

- Arbeitsblätter 1/2/3/4/5: Wer löst die soziale Frage?
- Infoblatt 1: Leben in einer Armenkolonie in Berlin/Die Armenviertel in London
- Infoblatt 2: Mythos Weberaufstand
- Infoblatt 3: Unterstützung und Hilfen durch Unternehmer
- Infoblatt 4: Unterstützung und Hilfen durch die Kirche
- Infoblatt 5: Forderungen der Arbeiter
- Infoblatt 6: Unterstützung und Hilfen durch den Staat
- Infoblatt 7: Lösung durch revolutionäre Ansätze
- Infoblatt 8: Der Prophet des Kapitalismus
- Folie 1: Der Streik/Homeless and hungry
- Folie 2: King Monopoly
- Folien 3/4/5/6/7: Lösungen zu den Arbeitsblättern 1/2/3/4/5
- Bild für die Tafel: Weberaufstand
- Video 4200890: Kinder unter Tage (1987; 15 min; farbig)
- DVD 4602330: Industrialisierung und soziale Frage (2005; 65 min; farbig)

Folie 2

Verlaufsskizze (6 UE)

I. Motivation

Stummer Impuls	Tafel Bild (S. 49) Folie 1 (S. 46)	Weberzug Der Streik/Homeless and hungry
Aussprache Zielangabe	Tafel	**Wer löst die soziale Frage?**

II. Begegnung/Erarbeitung

Impuls Aussprache		Was heißt „soziale Frage“?
Kurzreferate	Gruppenarbeit Infoblatt 1 (S. 45) Infoblatt 2 (S. 50) Infoblatt 3 (S. 53) Infoblatt 4 (S. 54) Infoblatt 5 (S. 57) Infoblatt 6 (S. 58) Infoblatt 7 (S. 61) Infoblatt 8 (S. 62)	① Leben in einer Armenkolonie in Berlin/Die Armenviertel in London ② Mythos „Weberaufstand“ ③ Unterstützung und Hilfen durch Unternehmer ④ Unterstützung und Hilfen durch die Kirche ⑤ Forderungen der Arbeiter ⑥ Unterstützung und Hilfen durch den Staat ⑦ Lösung durch Revolution: Karl Marx/Friedrich Engels ⑧ Das Manifest der kommunistischen Partei 1848/Der Prophet des Kapitalismus
Stummer Impuls Aussprache	Folie 2 (S. 43)	King Monopoly
Zusammenfassung	Arbeitsblatt 1 (S. 47)	Wer löst die soziale Frage? (1) Die soziale Lage der Arbeiter im 19. Jahrhundert
Kontrolle	Folie 3 (S. 48)	
	Videofilm	Kinder unter Tage (15 min)
	Arbeitsblatt 2 (S. 51)	Wer löst die soziale Frage? (2)
Kontrolle	Folie 4 (S. 52)	Der Weberaufstand in Schlesien

III. Wertung

Impuls Aussprache Ergebnis mit L.info		L: Wo wurden die Ideen von Karl Marx missbraucht? Regimes wie in der UdSSR, in der DDR oder in China missbrauchten seine Ideen.
Impuls Aussprache Zusammenfassung	Tafel	L: Ist die Ideologie des Kommunismus überhaupt zu realisieren? Merkmale des Kommunismus: • kein Staat • klassenlose Gesellschaft • kein Privateigentum an Produktionsmitteln • planmäßige Produktion
Impuls Ergebnis		L: Welche Bedeutung hat der Kommunismus heute? Der Kommunismus verlor Ende des 20. Jahrhunderts stark an Bedeutung (Zerfall des Warschauer Pakts; Marktwirtschaft).

IV. Sicherung

U. U. Hausaufgabe	Arbeitsblatt 3 (S. 55)	Wer löst die soziale Frage? (3) Maßnahmen durch Unternehmer und kirchliche Einrichtungen
Kontrolle	Folie 5 (S. 56)	
	Arbeitsblatt 4 (S. 59)	Wer löst die soziale Frage? (4) Forderungen der Arbeiter und Maßnahmen des Staates
Kontrolle	Folie 6 (S. 60)	
	Arbeitsblatt 5 (S. 63)	Wer löst die soziale Frage? (5) Lösung durch revolutionäre Umgestaltung der Gesellschaft
Kontrolle	Folie 7 (S. 64)	

V. Ausweitung

Zusammenfassung Aussprache	DVD	Industrialisierung und soziale Frage (65 min)

Best.-Nr. 780 © Brigg Pädagogik Verlag GmbH, Augsburg

Leben in einer Armenkolonie in Berlin

Vor dem Hamburger Tore, im sogenannten Vogtland, hat sich eine förmliche Armenkolonie gebildet. Am leichtesten übersieht man einen Teil der Armengesellschaft in den sogenannten „Familienhäusern“. Sie sind in viele kleine Stuben abgeteilt, von welchen jede einer Familie zum Erwerb, zum Schlafen und als Küche dient. In vierhundert Gemächern wohnen zweitausendfünfhundert Menschen. Ich besuchte daselbst viele Familien und verschaffte mir Einsicht in ihre Lebensumstände. In der Kellerstube Nr. 3 traf ich einen Holzhacker mit einem kranken Bein. Als ich eintrat, nahm die Frau schnell die Erdäpfelhäute vom Tische, und eine sechzehnjährige Tochter zog sich verlegen in einen Winkel des Zimmers zurück, da mir ihr Vater zu erzählen anfing. Dieser wurde arbeitsunfähig beim Bau der neuen Bauschule. Sein Gesuch um Unterstützung blieb lange Zeit unberücksichtigt. Erst als er ökonomisch völlig ruiniert war, wurden ihm monatlich fünfzehn Silbergroschen zuteil. Er musste sich ins Familienhaus zurückziehen, weil er die Miete für eine Wohnung in der Stadt nicht mehr bestreiten konnte. Jetzt erhält er von der Armendirektion zwei Taler monatlich. In Zeiten, wo es die unheilbare Krankheit des Beins gestattet, verdient er einen Taler monatlich, die Frau verdient das Doppelte, die Tochter erübrigt anderthalben Taler. Die Gesamteinnahme beträgt also sechseinhalb Taler im Monat. Dagegen kostet die Wohnung zwei Taler, eine „Mahlzeit Kartoffeln“ einen Silbergroschen und neun Pfennige; auf zwei tägliche Mahlzeiten berechnet, beträgt die Ausgabe für das Hauptnahrungsmittel dreieinhalb Taler im Monat. Es bleibt also noch ein Taler übrig zum Ankaufe des Holzes und alles dessen, was eine Familie neben rohen Kartoffeln zum Unterhalt bedarf.

Bettina von Armin. Aus: Dies Buch gehört dem König. Berlin, 1843
(Bettina von Arnim: 1785–1859, Schriftstellerin)

Die Armenviertel in London

Jede große Stadt hat ein oder mehrere „schlechte Viertel“, in denen sich die arbeitende Klasse zusammendrängt. Oft freilich wohnt die Armut in versteckten Gässchen dicht neben den Palästen der Reichen; aber im Allgemeinen hat man ihr ein Gebiet angewiesen, wo sie, aus den Augen der glücklicheren Klassen verbannt, sich mit sich selbst durchschlagen mag, so gut es geht. Diese schlechten Viertel sind in England in allen Städten ziemlich gleich eingerichtet – die schlechtesten Häuser in der schlechtesten Gegend der Stadt; meist zweistöckige Ziegelgebäude in langen Reihen, möglicherweise mit bewohnten Kellerräumen, und fast überall unregelmäßig angelegt. Diese Häuschen haben drei bis vier Zimmer und eine Küche. Sie werden Cottages genannt und sind in ganz England – einige Teile von London ausgenommen – die allgemeinen Wohnungen der arbeitenden Klasse. Die Straßen selbst sind gewöhnlich ungepflastert, höckerig, schmutzig, voll mit vegetablischem und animalischem Abfall, ohne Abzugskanäle oder Rinnsteine, dafür aber mit stehenden, stinkenden Pfützen versehen.

Friedrich Engels. Aus: Die Lage der arbeitenden Klasse in England. London, 1845

(Friedrich Engels: 1820–1895, Philosoph, Gesellschaftstheoretiker, Jouralist, schrieb mit Karl Marx das Kommunistische Manifest)

Applicants for Admission to a Casual Ward
Gemälde von Luke Fildes, 1874

Der Streik
Gemälde von Robert Koehler, 1886

Homeless and hungry
Zeichnung von Luke Fildes, 1869

GE	Name:	Datum:

Wer löst die soziale Frage? (1)

Die soziale Lage der Arbeiter im 19. Jahrhundert

❶ Kläre den Begriff „soziale Frage"?

❷ Welche Gegebenheiten führten zur Auseinandersetzung mit der sozialen Frage?

❸ Die Bilder unten zeigen, warum die Lösung der sozialen Frage immer dringlicher wurde. Benenne die abgebildeten Missstände.

①

②

③

④

⑤

⑥

⑦

⑧

⑨

⑩

①

②

③

④

⑤

⑥

⑦

⑧

⑨

⑩

❹ Was waren die Hauptnahrungsmittel der sozialen Unterschichten?

Best.-Nr. 780 © Brigg Pädagogik Verlag GmbH, Augsburg

GE | Lösung

Wer löst die soziale Frage? (1)

Die soziale Lage der Arbeiter im 19. Jahrhundert

❶ Kläre den Begriff „soziale Frage“?

Frage nach der Verbesserung der sozialen Missstände, die mit der industriellen Revolution einhergingen. Sie traten mit dem Übergang von der Agrar- zur sich in Städten bildenden Industriegesellschaft auf.

❷ Welche Gegebenheiten führten zur Auseinandersetzung mit der sozialen Frage?

Ausbeutung, Armut, Wohnungsnot, Arbeitslosigkeit, Frauen- und Kinderarbeit, keine soziale Absicherung

❸ Die Bilder unten zeigen, warum die Lösung der sozialen Frage immer dringlicher wurde. Benenne die abgebildeten Missstände.

① *geringe Löhne*
② *Überstunden, Sonntagsarbeit*
③ *gesundheitsgefährdende Arbeit*
④ *Frauen- und Kinderarbeit*
⑤ *miserable Wohnverhältnisse*
⑥ *Verlust des Arbeitsplatzes*
⑦ *keine Arbeitslosenversicherung*
⑧ *keine Krankenversicherung*
⑨ *keine Unfallversicherung (Invalide)*
⑩ *keine Rentenversicherung*

❹ Was waren die Hauptnahrungsmittel der sozialen Unterschichten?

Kartoffeln und Eintöpfe, Kaffee-Ersatz und Schnaps waren die Hauptnahrungsmittel.

Hubert Albus: Von der industriellen Revolution bis zum Imperialismus
Best.-Nr. 780 © Brigg Pädagogik Verlag GmbH, Augsburg

Weberzug
Zeichnung von Käthe Kollwitz, 1897

© Bild-Kunst, Bonn, 2012

Mythos „Weberaufstand“

Aufgebrachte Arbeiter ziehen am 4. Juni 1844 durch das schlesische Dorf Peterswaldau zum Haus eines geizigen Textilfabrikanten. Es ist der Beginn einer mehrtägigen Revolte, die zum Symbol für die Schattenseiten der Industrialisierung wird.
Staunend beobachten die Bewohner der Dorfstraße im schlesischen Peterswaldau am Morgen des 4. Juni 1844, wie an ihren Fenstern ein langer Tross von Baumwollwebern vorbeizieht. Entschlossen und voller Zorn marschieren die Männer. Ihr Ziel ist das Anwesen des Textilkaufmanns Zwanziger, der Heimarbeitern wie ihnen immer weniger Geld zahlt. Doch der Hausherr ist bereits geflohen. Wütend schlagen die Weber deshalb Fenster ein, stürmen das Haus und zertrümmern die Einrichtung. Es ist der Auftakt zu einem mehrtägigen, bald legendären Aufstand.
Denn schon kurz nach den Ereignissen im schlesischen Eulengebirge beginnen Schriftsteller, Philosophen, Journalisten und Künstler damit, das Geschehen zu deuten. Doch die Interpreten stützen sich auf widersprüchliche Presseberichte, kein Journalist hat den Aufstand persönlich miterlebt.
So werden den rebellierenden Webern im Laufe des Jahrhunderts verschiedenste Motive zugeschrieben. Der Theoretiker des Kommunismus, Karl Marx, erklärt den Aufstand zum Auslöser des Klassenkampfes deutscher Arbeiter. Gerhard Hauptmann, bürgerlicher Schriftsteller, macht aus dem Geschehen in seinem 1892 uraufgeführten Schauspiel „Die Weber“ eine Elendsrevolte: Aus purer Angst vor dem Hungertod hätten die Weber wild und unkontrolliert losgeschlagen. Wieder andere deuten den Aufstand als einen „Maschinensturm“ – die Rebellen hätten sich von den Spinn- und Webmaschinen der Fabrikanten verdrängt gefühlt.
Was 1844 wirklich im schlesischen Eulengebirge passiert ist, rekonstruieren Historiker erst in den Jahren nach dem Zusammenbruch der DDR, als zeitgenössische Untersuchungsakten und Zeugenberichte wieder zugänglich sind. Rasch ist die Legende vom schlesischen Weberaufstand entzaubert: Tatsächlich war die Revolte nichts weiter als eine typische frühindustrielle Arbeiterunruhe, wie es sie in jener Zeit in Deutschland häufiger gab. Und sie begann ohne politische Absichten.
Am Tag vor dem Aufstand verabreden sich rund zwanzig junge Weber vor der Villa des Fabrikanten Zwanziger, um ein Schmählied auf den geizigen, prunksüchtigen Textilunternehmer zu singen. Eine Prügelei bricht aus, einer der Sänger wird festgenommen.
Um den Gefangenen zu befreien, formiert sich am nächsten Morgen ein Protestzug, dem sich fast alle Heimweber der Umgebung anschließen. Die Arbeiter marschieren zu Zwanzigers Villa – um ihren Kollegen zu befreien und sich für Lohnkürzungen zu rächen. Niemand aber solle verletzt werden, mahnen die Anführer. Auf dem Anwesen von Zwanziger vernichten die Rebellen zunächst die Geschäftsbücher; erst danach verwüsten sie die Privaträume und Fabrikgebäude des Unternehmers. Ein Landrat, der sich vor Ort umschaut, wird später vor Gericht aussagen, dass die Weber ruhig und entschlossen aufgetreten seien – von einem wilden und unkontrollierten Verhalten, wie es später Hauptmanns Theaterstück zeigt, kein Wort.
Nach der Zerstörung des Anwesens schließen sich auch Weber aus den umliegenden Dörfern dem Protestzug an. Die Leinenweber der Region aber, die tatsächlich in Hunger und Elend leben und zu den Verlierern der beginnenden Industrialisierung gehören, nehmen an dem Aufstand nicht teil.
Die Menge zieht von Fabrik zu Fabrik – und verschont jene Unternehmer, die gut zahlen. Auch die Maschinen bleiben meist unberührt: Die Weber haben es vor allem auf die Kontore abgesehen.
Schließlich erreichen sie die Fabrik der Gebrüder Dierig in Langenbielau. Die sind besonders verhasst, weil sie ausschließlich auswärtige Arbeiter beschäftigen. Friedrich Dierig bezahlt seine eigenen Weber dafür, dass sie die Angreifer vertreiben.
Nun kämpfen Weber gegen Weber. Als das Militär eintrifft, eskaliert die Situation: Elf Arbeiter, darunter eine Frau, werden getötet, 26 verwundet. Das brutale Vorgehen schürt die Wut noch, es folgen weitere Plünderungen, bis der Aufstand am 6. Juni 1844 endet. 112 Teilnehmer der Rebellion werden verhaftet, fieberhaft fahnden die Behörden nach vermeintlichen Hintermännern.
Noch im selben Jahr verfasst Heinrich Heine sein Gedicht „Die schlesischen Weber“:
Im düstern Auge keine Träne, / Sie sitzen am Webstuhl und fletschen die Zähne: / Deutschland, wir weben dein Leichentuch, / Wir weben hinein den dreifachen Fluch / Wir weben, wir weben!

GE	Name: ____________	Datum: ________	

Wer löst die soziale Frage? (2)

Der Weberaufstand in Schlesien

Vor 1800 hatte noch jeder Weber in den Dörfern Schlesiens sein ____________ und litt daher kaum ________, während in den großen Städten wie Berlin und Breslau das __________ der besitzlosen Textilarbeiter schon sehr groß war. Nach 1800 verkauften die Weber in den schlesischen Dörfern ihr __________land, um den lästigen ____________ für den Grundherrn des Dorfes zu entgehen. Sie wurden ________ und waren nunmehr ganz auf die Arbeit an ihren alten Hand______stühlen angewiesen.

Nach 1815 wurde der deutsche Markt mit dem billigen __________ Leinen überschwemmt. Infolge der zunehmenden Einführung von Spinn- und Webmaschinen wurde die Handarbeit immer __________ bezahlt. Die schlesischen Leinenweber gerieten allmählich in große ________. 1843 kam es zu einer großen ________not in Schlesien, die vor allem durch eine schlechte __________ernte hervorgerufen wurde. In ihrer Verzweiflung lehnten sich die Weber 1844 gehen die ________besitzer auf. Der Aufstand in Schlesien wurde durch das ________ blutig niedergeschlagen.

Hunger und Verzweiflung

Offizielle Abhilfe

Die ______________ Regierung zeigte für diese Hungeraufstände der Leinenweber wenig Verständnis. Danach erfolgte eine massive ______________ in die Städte, die mit den Problemen des Proletariats und mit dem __________elend nicht mehr fertig wurden.

Was will die links abgebildete Karikatur „Das Elend in Schlesien“ aussagen?

____

____

____

____

Beim Weberaufwand 1844 handelte sich um eine typische f______industrielle Arbeiterunruhe, für die weder eine Interpretation als klassische H________revolte noch als M__________sturm oder K________kampf angebracht scheint. Die Wut der Weber richtete sich nicht gegen die noch spärlichen „Maschinen“, sondern gegen einige als ungerecht empfundenen F______________ (Verleger). Weder der örtliche Feudalherr noch der p____________ Staat waren Ziel des Aufstandes.

Best.-Nr. 780 © Brigg Pädagogik Verlag GmbH, Augsburg

GE Lösung

Wer löst die soziale Frage? (2)

Der Weberaufstand in Schlesien

Vor 1800 hatte noch jeder Weber in den Dörfern Schlesiens sein *Ackerland* und litt daher kaum *Not*, während in den großen Städten wie Berlin und Breslau das *Elend* der besitzlosen Textilarbeiter schon sehr groß war. Nach 1800 verkauften die Weber in den schlesischen Dörfern ihr *Pacht*land, um den lästigen *Frondiensten* für den Grundherrn des Dorfes zu entgehen. Sie wurden *besitzlos* und waren nunmehr ganz auf die Arbeit an ihren alten Hand*web*stühlen angewiesen.

Nach 1815 wurde der deutsche Markt mit dem billigen *englischen* Leinen überschwemmt. Infolge der zunehmenden Einführung von Spinn- und Webmaschinen wurde die Handarbeit immer *schlechter* bezahlt. Die schlesischen Leinenweber gerieten allmählich in große *Armut*. 1843 kam es zu einer großen *Hungers*not in Schlesien, die vor allem durch eine schlechte *Kartoffel*ernte hervorgerufen wurde. In ihrer Verzweiflung lehnten sich die Weber 1844 gehen die *Fabrik*besitzer auf. Der Aufstand in Schlesien wurde durch das *Militär* blutig niedergeschlagen.

Hunger und Verzweiflung

Offizielle Abhilfe

Die *preußische* Regierung zeigte für diese Hungeraufstände der Leinenweber wenig Verständnis. Danach erfolgte eine massive *Abwanderung* in die Städte, die mit den Problemen des Proletariats und mit dem *Wohnungs*elend nicht mehr fertig wurden.

Was will die links abgebildete Karikatur „Das Elend in Schlesien" aussagen?

Der Hunger und die in einem Aufstand gipfelnde Verzweiflung der Weber werden durch Militäreinsatz unterdrückt, wirksame Hilfsmaßnahmen gab es jedoch nicht.

Beim Weberaufwand 1844 handelte sich um eine typische f*rüh*industrielle Arbeiterunruhe, für die weder eine Interpretation als klassische H*unger*revolte noch als M*aschinen*sturm oder K*lassen*kampf angebracht scheint. Die Wut der Weber richtete sich nicht gegen die noch spärlichen „Maschinen", sondern gegen einige als ungerecht empfundenen F*abrikbesitzer* (Verleger). Weder der örtliche Feudalherr noch der p*reußische* Staat waren Ziel des Aufstandes.

Unterstützung und Hilfen durch Unternehmer

Robert Owen

Er wurde am 14. Mai 1771 in Newtown in Wales als Sohn eines Sattlers geboren und starb dort am 17. November 1858. Er war britischer Unternehmer, Sozialreformer und Begründer des Genossenschaftswesens.
Nach einer Kaufmannslehre kauft er mit 29 Jahren eine Baumwollspinnerei in New Lanark in Schottland. Er erkannte schnell, dass Lohnsklaverei und Unterdrückung der Arbeiter keine Voraussetzung für eine effektive Produktion war. Deshalb verkürzte er die Arbeitszeit auf 10,5 Stunden, gegenüber den damals üblichen 13 bis 14 Stunden in anderen Fabriken, und erhöhte die Löhne. Er führte für seine Arbeiter Kranken- und Altersrentenversicherungen ein. Die Güter des täglichen Bedarfs wurden zu niedrigen, aber rentablen Preisen gehandelt. Der Handel von Alkohol wurde auf dem Fabrikgelände eingeschränkt. Owen verbot die Arbeit von Kindern unter zehn Jahren und errichtete eine Schule, die Kinder ab zwei Jahren aufnahm. Die Produktivität in der Fabrik erhöhte sich drastisch, die Zahl der Diebstähle ging zurück, Bestrafungen innerhalb der Fabrik waren nicht mehr nötig. Die Erfolge waren auch auf die Einführung neuer Produktionstechniken zurückzuführen, blieben aber nicht dauerhaft. Die meisten Projekte Owens scheiterten, aber seine Ideen, die Owen in New Lanark hatte und umsetzten versuchte, sind heute in den Industrieländern selbstverständlich. Dazu zählen unter anderem: Abschaffung der Kinderarbeit, Schulbildung der Kinder, Arbeitszeitbeschränkung, effiziente Organisation der Betriebsabläufe, Motivation der Mitarbeiter, saubere Arbeitsplätze, Gewerkschaftsbildung, Genossenschaftswesen u. a.

Kurzreferat mit Stichwortkärtchen:

Robert Owen (1771–1858) → **Unternehmer, Sozialreformer** → **Soziale Verbesserungen** → **Owens Ideen heute realisiert**

Ernst Karl Abbe

Er wurde am 23. Januar 1840 in Eisenach geboren und starb am 14. Januar 1905 in Jena. Er war Astronom, Physiker, Optiker, Unternehmer und Sozialreformer. 1870 habilitierte er, 1878 wurde er Direktor der Sternwarte Jena. Zusammen mit dem Universitätsmechaniker Carl Zeiss und dem Chemiker Otto Schott begründete er die wissenschaftliche Optik. Er entwickelte die Theorie der Abbildung im Mikroskop, schuf neue optische Gläser und Instrumente und verhalf der Firma Carl Zeiss zu Weltruhm.
Abbe machte sich aber auch als Sozialreformer einen Namen. Nach Zeiss Tod wurde Abbe 1889 Alleininhaber der Firma und führte für seine Arbeiter Mitbestimmung, Acht-Stunden-Tag, Gewinnbeteiligung, bezahlten Urlaub und fortlaufendes Einkommen für sechs Monate nach erfolgter Kündigung ein. Schließlich gründete er die Carl-Zeiss-Stiftung, der er 1891 die Firma und Teile seines persönlichen Vermögens übergab und der er bis 1893 vorstand.

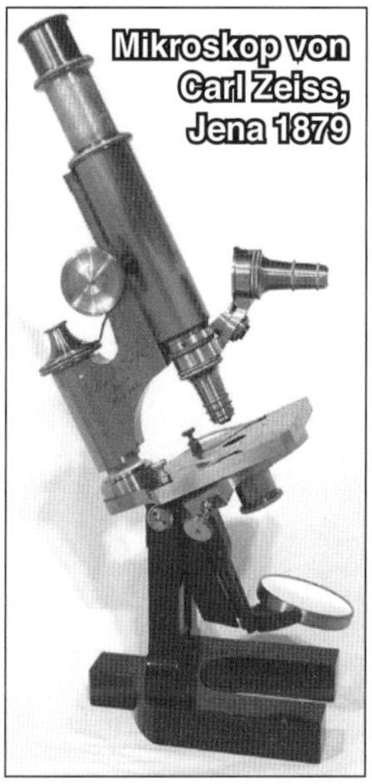

Kurzreferat mit Stichwortkärtchen:

Ernst Karl Abbe (1840–1905) → **Physiker, Optiker, Unternehmer** → **Sozialreformer Firma Carl Zeiss**

Mitbestimmung, Gewinnbeteiligung → **bezahlter Urlaub, Acht-Stunden-Tag** → **Carl-Zeiss-Stiftung ab 1889 bis heute**

Unterstützung und Hilfen durch die Kirche

Adolph Kolping

Er wurde am 8. Dezember 1813 in Kerpen als Sohn des Lohnschäfers Peter Kolping bei Köln geboren und starb am 4. Dezember 1865 in Köln. Er war ein katholischer Priester, Publizist, Seelsorger, „Gesellenvater" und der Begründer des Kolpingwerkes, der sich insbesondere mit der sozialen Frage auseinandersetzte. Adolph Kolping wuchs in ärmlichen Verhältnissen auf. Nach einer kurzen Schulzeit begann er im Alter von 13 Jahren eine Lehre als Schuhmacher. Zehn Jahre arbeitete er in diesem Beruf und wanderte wie andere Gesellen von Ort zu Ort. Im Alter von 23 Jahren entschied er sich, Priester zu werden. Als Kaplan begegnete er in Wuppertal dem Elend der Arbeiter. Die Handwerksburschen hatten durch den Zusammenbruch des Zunftwesens ihr Zuhause in der Familie des Meisters verloren. Kolping nahm sich der religiösen wie fachlichen Erziehung der Handwerksburschen an. Aus diesen katholischen Gesellenvereinen entwickelte sich später die „Kolpingfamilie". Innerhalb kurzer Zeit verbreitete sich die Idee der Selbst- und Gemeinschaftshilfe bis an die Grenzen Europas und nach Übersee. Am 27. Oktober 1991 wurde Adolph Kolping in Rom von Papst Johannes Paul II. selig gesprochen. Heute setzt sich sein Lebenswerk in mehr als 50 Ländern der Erde fort.

Wilhelm Emmanuel Freiherr von Ketteler

Er wurde am 25. Dezember 1811 in Münster in Westfalen geboren und starb am 13. Juli 1877 in Kloster Burghausen im Landkreis Altötting. 1848/49 war er Mitglied der Nationalversammlung in der Frankfurter Paulskirche. Danach wurde er katholischer Bischof von Mainz und als Politiker der Deutschen Zentrumspartei zugehörig. Als „Arbeiterbischof" war Ketteler der Gründer der Katholischen Arbeitnehmer-Bewegung. Er gründete Krankenhäuser, half bei Missernten und kämpfte gegen eine Typhusepidemie. Immer wieder beschäftigte ihn die Not des Volkes, die Probleme der verarmten Handwerker und besonders die der Arbeiter in den Fabriken. 1851 gründete er den ersten Kolpingverein in Mainz, setzte sich für Heime und Schulen ein und für die Heranbildung geeigneter Lehrerinnen und Lehrer.

Johann Hinrich Wichern

Er wurde am 21. April 1808 in Hamburg geboren und starb dort am 7. April 1881. Er war Theologe, Pädagoge, Begründer der Inneren Mission der Evangelischen Kirche und Gefängnisreformer. Sein Werk besteht auch heute noch: Das „Rauhe Haus" und das Berliner Johannesstift gehören zu den renommiertesten und größten diakonischen Einrichtungen Deutschlands. Und dass die Diakonie heute fester Bestandteil der evangelischen Kirche ist, geht auf Johann Hinrich Wichern zurück ebenso wie der Adventskranz.

Friedrich von Bodelschwingh

Er wurde am 6. März 1831 in Tecklenburg geboren und starb am 2. April 1910 in Bielefeld. Er war Pastor und Theologe und arbeitete in der Inneren Mission.

Papst Leo XIII.

Er wurde am 2. März 1810 in Carpineto bei Rom geboren und starb dort am 20. Juli 1903. Als revolutionär wird seine am 15. Mai 1891 veröffentlichte Enzyklika Rerum Novarum betrachtet. Dort wird auf die Einhaltung humaner Werte wie die Menschenwürde hingewiesen.

Hubert Albus: Von der industriellen Revolution bis zum Imperialismus
Best.-Nr. 780 © Brigg Pädagogik Verlag GmbH, Augsburg

GE	Name:	Datum:

Wer löst die soziale Frage? (3)

Maßnahmen durch Unternehmer und kirchliche Einrichtungen

Ein Hundeleben
Gustave Doré, 1872

❶ Warum wird die soziale Frage im 19. Jahrhundert immer wichtiger? Beschreibe die drei Bilder.

❷ Was bedeutet der Begriff „Pauperismus“?

❸ Welcher englische Unternehmer setzte sich für die Belange der Arbeiter ein und zeigte so seine soziale Gesinnung?

❹ Welche deutschen Unternehmer engagierten sich in der sozialen Frage? Ordne den „Buchstabensalat“ und führe ihre Leistungen an.

PUPKR ____________ – EBAB ____________ – MESSIEN ______________

❺ Wie heißen die drei Personen auf den Bildern rechts? Welche Maßnahmen unternahmen sie gegen die Massenarmut? Ordne richtig zu.

① ______________________ •　　　• evanglische Innere Mission

② ______________________ •　　　• katholische Gesellenvereine

③ ______________________ •　　　• Krankenhäuser und Heime

❺ Was wurde 1801 in der Enzyklika Rerum Novarum gefordert? Welcher Papst schrieb sie?

GE Lösung

Wer löst die soziale Frage? (3)

Maßnahmen durch Unternehmer und kirchliche Einrichtungen

Ein Hundeleben
Gustave Doré, 1872

❶ Warum wird die soziale Frage im 19. Jahrhundert immer wichtiger? Beschreibe die drei Bilder.

Unter unmenschlichen Bedingungen wurde die Arbeitskraft der Männer, Frauen und Kinder aus der unteren Schicht ausgebeutet. Durch die hohe Arbeitslosigkeit, geringste Entlohnung und ohne soziale Absicherung wurde die Not immer größer. Die drei Bilder zeigen das Elend, den Hunger, die Hoffnungslosigkeit, die brutale Kinderarbeit und das Hundeleben in den Slums.

Hunger
Heinrich Zille, 1924

❷ Was bedeutet der Begriff „Pauperismus“?

Der Begriff „Pauperismus“ (lat. „pauper“: arm) ist Mitte des 19. Jahrhunderts entstanden. Er bezeichnet die Massenarmut, die in Europa vor und zu Beginn der Industrialisierung auftrat.

❸ Welcher englische Unternehmer setzte sich für die Belange der Arbeiter ein und zeigte so seine soziale Gesinnung?

Robert Owen verkürzte die Arbeitszeit, reduzierte die Kinderarbeit und erhöhte die Löhne. Er führte eine Kranken- und Altersrentenversicherung ein, ließ solide Wohnungen bauen und räumte Mietvergünstigungen ein.

❹ Welche deutschen Unternehmer engagierten sich in der sozialen Frage? Ordne den „Buchstabensalat“ und führe ihre Leistungen an.

PUPKR *Krupp* – EBAB *Abbe* – MESSIEN *Siemens*

Sie errichteten zum Wohl der Arbeiter Wohnungen, Schulen und Krankenhäuser.

❺ Wie heißen die drei Personen auf den Bildern rechts? Welche Maßnahmen unternahmen sie gegen die Massenarmut? Ordne richtig zu.

① *Adolph Kolping* → katholische Gesellenvereine
② *W. E. von Ketteler* → Krankenhäuser und Heime
③ *Johann Hinrich Wichern* → evanglische Innere Mission

❺ Was wurde 1801 in der Enzyklika Rerum Novarum gefordert? Welcher Papst schrieb sie?

Papst Leo XIII. wies auf die Einhaltung humaner Werte wie die Menschenwürde hin und forderte eine menschliche Behandlung der Arbeiter.

Hubert Albus: Von der industriellen Revolution bis zum Imperialismus
Best.-Nr. 780 © Brigg Pädagogik Verlag GmbH, Augsburg

Forderungen der Arbeiter

Ferdinand Lassalle

Er wurde am 11. April 1825 in Breslau als Sohn eines jüdischen Seidenhändlers geboren und starb am 31. August 1864 in Carouge nahe Genf in der Schweiz an den Folgen eines Duells. Von 1843 bis 1846 studierte Lassalle an den Universitäten Breslau und Berlin Philologie, Geschichte und Phliosophie. Er nahm 1848/49 aktiv an der Märzrevolution teil. Er war Schriftsteller, gehörte der frühen deutschen Arbeiterbewegung an und war sozialistischer Politiker im Deutschen Bund. Als Präsident des 1863 gegründeten Allgemeinen Deutschen Arbeiterverein gilt er als einer der Gründerväter der 26 Jahre nach seinem Tod entstandenen SPD.

Aufgrund seiner Beschäftigung mit den Werken von Hegel entwarf Lassalle seine eigene Staats- und Gesellschaftstheorie, obwohl er als Radikaldemokrat den Ideen von Karl Marx und Friedrich Engels nahe stand. Er setzte alle Anstrengungen daran, das Dreiklassen-Wahlrecht abzuschaffen, um es durch ein allgemeines Wahlrecht zu ersetzen und kämpfte für die Abschaffung des Privateigentums an Produktionsmitteln.

Kuzreferat mit Stichwortkärtchen:

Ferdinand Lassalle (1825–1864) → **sozialistischer Politiker** → **frühe deutsche Arbeiterbewegung** → **Allg. Deutscher Arbeiterverein**

Forderung nach allg. Wahlrecht → **Abschaffung des Privateigentums an Produktionsmitteln** → **einer der Gründerväter der SPD**

August Bebel

Er wurde am 22. Februar 1840 in Deutz bei Köln geboren und starb am 13. August 1913 in Passugg in der Schweiz. Bebel war einer der Begründer der organisierten sozialdemokratischen Arbeiterbewegung in Deutschland. Seine Zusammenarbeit mit Wilhelm Liebknecht, mit dem er 1869 auch die Sozialdemokratische Arbeiterpartei gründete, erstreckte sich über Jahrzehnte. Die radikalen Forderungen Lassalles teilte er nicht. 1875 war er an der Vereinigung mit dem Allgemeinen Deutschen Arbeiterverein zur Sozialistischen Arbeiterpartei Deutschlands beteiligt. Während der durch Otto von Bismarck veranlassten Maßnahmen zur Unterdrückung der Partei durch das Sozialistengesetz entwickelte er sich zur zentralen Person der deutschen Sozialdemokratie und wurde ab 1892 einer der beiden Vorsitzenden der SPD. Bebel war einer der bedeutendsten Parlamentarier in der Zeit des Deutschen Kaiserreichs. In seiner über vierzigjährigen Parlamentarbeit trat er für die Interessen der Arbeiter ein. Er war ein aktiver Gegner der wilhelminischen Kolonial- und Marinepolitik, bekämpfte den Nationalismus und Militarismus im Deutschen Kaiserreich und trat für die Gleichberechtigung und Gleichstellung der Frau ein.

Wilhelm Liebknecht

Er wurde am 29. März 1826 in Gießen im Großherzogtum Hessen geboren, war Vater von Karl Liebknecht und starb am 7. August 1900 in Charlottenburg. Liebknecht war einer der Gründerväter der Sozialdemokratischen Partei Deutschlands. Er erwarb sich einen Namen, weil er sich für die Sozialistenbewegung einsetzte. 1891 wurde er Chefredakteur des Parteiblattes „Vorwärts". Im gleichen Jahr begründete er das Erfurter Programm der SPD.

Unterstützung und Hilfen durch den Staat

Otto von Bismarck

Er wurde am 1. April 1815 in Schönhausen an der Elbe als zweiter Sohn des Rittmeisters Karl Wilhelm Ferdinand von Bismarck geboren und starb am 30. Juli 1898 in Friedrichsruh. Seine Schulzeit verbrachte es zunächst in der Plamannschen Lehranstalt zu Berlin, anschließend am Friedrich-Wilhelm-Gymnasium und schließlich im Grauen Kloster. Nach seinem Studium in Göttingen legte er 1835 in Berlin sein Referendar-Examen ab. Anschließend war er an mehreren Gerichten in Berlin und Aachen tätig, bis er sich 1838 als Landwirt niederließ. Im Jahre 1847 heiratete Bismarck und wurde Mitglied im Vereinigten Landtag. Die Erlebnisse der Märztage 1848 ließen ihn zum scharfen Gegner der Revolution werden.

1849 begann Bismarcks politische Karriere mit einer einjährigen Mitgliedschaft in der Zweiten Preußischen Kammer und der Mitgliedschaft im Erfurter Parlament für ein Jahr. Im Mai 1851 wurde Bismarck zum Legationsrat und Gesandten am Frankfurter Bundestag berufen. 1859 schickte man ihn als Gesandten nach St. Petersburg und 1862 in gleicher Funktion nach Paris. Im September des gleichen Jahres erfolgte die Ernennung zum Preußischen Ministerpräsidenten. Mit der Gründung des Norddeutschen Bundes 1867 wurde Bismarck zu dessen Kanzler ernannt, und nach der Reichsgründung am 18. Januar 1871 bekleidete er das Amt des Reichskanzlers. Im Jahre 1873 wurden die sogenannten Maigesetze erlassen und 1879 die neuen Wirtschafts- und Sozialgesetze. 1881 wurde der Beginn der Sozialgesetzgebung eingeleitet. So gab es ab 1883 eine gesetzliche Krankenversicherung und 1884 die gesetzliche Unfallversicherung.

Mit dem Tod von Wilhelm I. brachen für Bismarck schwere Zeiten an, denn mit dem Nachfolger Kaiser Wilhelm II. konnte sich der Kanzler in persönlichen und sachlichen Fragen häufig nicht einigen. So folgte fast zwangsläufig 1890 die Entlassung Bismarcks aus seinem Amt.

Kinderschutzgesetz

Im März 1839 wurde das erste deutsche Kinderschutzgesetz verabschiedet. Es verbot Kinderarbeit unter vierzehn Jahren. Allerdings stand dieses Gesetz vorerst einmal nur auf dem Papier, da es keinerlei Kontrollen über die Einhaltung der Vorschriften gab. Erst mit der Einsetzung von Fabrikinspektoren im Jahr 1853 war eine ausreichende Kontrolle gegeben.

Sozialversicherungsgesetze

Im Jahr 1881 beabsichtigte Kaiser Wilhelm I. – auch wegen des wachsenden Einflusses der Sozialdemokraten und auf Anraten seines Reichskanzlers Otto von Bismarck –, Gesetze **zur finanziellen Absicherung der Arbeiter** gegen **Krankheit**, **Unfall**, **Invalidität** und **Alter** zu verabschieden. Deshalb sandte er zur Eröffnung des deutschen Reichstages am 17. November 1881 eine auf Bismarck zurückgehende kaiserliche Botschaft, die die Abgeordneten beauftragte, verschiedene Gesetze zur sozialen Sicherung zu beschließen.

Durch Beiträge, die prozentual vom Einkommen des einzelnen Arbeitnehmers berechnet werden und den verschiedenen Versicherungsträgern zugeführt werden sollten, sollte das Ganze finanziert werden.

Bei der Krankenversicherung, die Krankengeld ab dem dritten Tag in Höhe von 60 Prozent bis zu 26 Wochen, ärztliche Behandlung, Arznei- und Hilfsmittel, Krankenhausbehandlung, Sterbegeld und Mutterschaftshilfe übernehmen sollte, sollten der Arbeitnehmer ein Drittel, der Arbeitgeber zwei Drittel des Beitrages bezahlen.

Den Rentenversicherungsbeitrag sollten Arbeitnehmer und Arbeitgeber zu gleichen Teilen tragen.

Die Unfallversicherung sollte vom Arbeitgeber allein getragen werden. Die Beiträge sollten jeweils monatlich durch den Arbeitgeber an die zuständige Versicherung abgeführt werden.

Die Einführung der Sozialversicherungen erfolgte stufenweise. Unter Bismarck wurden die **gesetzlichen Krankenversicherung 1883**, die **gesetzliche Unfallversicherung 1884**, die **gesetzliche Rentenversicherung 1889** verabschiedet. Die **Arbeitslosenversicherung 1927** und die **gesetzliche Pflegeversicherung 1995** folgten deutlich später. Letztere ist der gesetzlichen Krankenversicherung angegliedert.

Hubert Albus: Von der industriellen Revolution bis zum Imperialismus
Best.-Nr. 780 © Brigg Pädagogik Verlag GmbH, Augsburg

GE	Name: ____________________	Datum: __________	

Wer löst die soziale Frage? (4)

Forderungen der Arbeiter und Maßnahmen des Staates

❶ Wie heißen die drei Männer, die die Forderungen der Arbeiter maßgeblich unterstützten? Ihre Porträts siehst du rechts.

____

____

❷ Entstehungsprozess der SPD: Setze die fehlenden Wortteile richtig ein.

Arbeiter______________ → Allgemeine Deutsche Arbeiterverbrüderung (1848) → Berufs____________ → G_______________ → P____________ → ADAV = ______________________________________(1863) → SDAP = ______________________________________ (1869) → SPD = ______________________________________ (1890)

❸ Der Text unten informiert über die Anfänge der gesetzlichen Sozialversicherung. Setze die fehlenden Wörter ein.

Mit seiner kaiserlichen Botschaft vom 17. November 1881 leitete Kaiser Wilhelm I. auf Initiative des damaligen Reichskanzlers Otto von B__________ den Aufbau einer Arbeitnehmerversicherung in Deutschland offiziell ein. Im Jahre 1883 wurde die K__________versicherung eingeführt, 1884 die U__________versicherung und ab 1889 konnten die Arbeitnehmer sich erstmals gesetzlich gegen die Folgen von A_______ und I__________ absichern. In den folgenden Jahren baute man das Sozialsystem kontinuierlich aus: 1912 gab es eine Sozialversicherung für A______________, 1927 trat die A______________versicherung in Kraft. Als jüngster Zweig der deutschen Sozialversicherung wurde die soziale P_________versicherung ab 1994 stufenweise eingeführt.

❹ Wie heißt der Mann im Bild unten? Was war seine Position?

____

❺ Wie wurden die Beiträge der Arbeitgeber und Arbeitnehmer für die Sozialversicherungen im Jahr 1883 aufgeteilt?

____

____

____

❻ Was leistete 1883 die Krankenversicherung?

____

____

❼ Warum werden die Sozialversicherungen heute immer teurer?

____

____

Best.-Nr. 780 © Brigg Pädagogik Verlag GmbH, Augsburg

GE | Lösung

Wer löst die soziale Frage? (4)

Forderungen der Arbeiter und Maßnahmen des Staates

❶ Wie heißen die drei Männer, die die Forderungen der Arbeiter maßgeblich unterstützten? Ihre Porträts siehst du rechts.

Ferdinand Lassalle (sozialistischer Politiker); August Bebel (Vorsitzender der SPD); Wilhelm Liebknecht (sozialistischer Politiker)

❷ Entstehungsprozess der SPD: Setze die fehlenden Wortteile richtig ein.

Arbeiter*bewegung* → Allgemeine Deutsche Arbeiterverbrüderung (1848) → Berufs*verbände* → G*ewerkschaften* → P*arteien* → ADAV = *Allgemeiner Deutscher Arbeiterverein* (1863) → SDAP = *Sozialdemokratische Arbeiterpartei* (1869) → SPD = *Sozialdemokratische Partei Deutschlands* (1890)

❸ Der Text unten informiert über die Anfänge der gesetzlichen Sozialversicherung. Setze die fehlenden Wörter ein.

Mit seiner kaiserlichen Botschaft vom 17. November 1881 leitete Kaiser Wilhelm I. auf Initiative des damaligen Reichskanzlers Otto von B*ismarck* den Aufbau einer Arbeitnehmerversicherung in Deutschland offiziell ein. Im Jahre 1883 wurde die K*ranken*versicherung eingeführt, 1884 die U*nfall*versicherung und ab 1889 konnten die Arbeitnehmer sich erstmals gesetzlich gegen die Folgen von A*lter* und I*nvalidität* absichern. In den folgenden Jahren baute man das Sozialsystem kontinuierlich aus: 1912 gab es eine Sozialversicherung für A*ngestellte*, 1927 trat die A*rbeitslosen*versicherung in Kraft. Als jüngster Zweig der deutschen Sozialversicherung wurde die soziale P*flege*versicherung ab 1994 stufenweise eingeführt.

❹ Wie heißt der Mann im Bild unten? Was war seine Position?

Otto von Bismarck (1815–1898); preußischer Ministerpräsident; Reichskanzler

❺ Wie wurden die Beiträge der Arbeitgeber und Arbeitnehmer für die Sozialversicherungen im Jahr 1883 aufgeteilt?

Krankenversicherung (zwei Drittel Arbeitgeber, ein Drittel Arbeitnehmer), Rentenversicherung (Argeitgeber und Arbeitnehmer je zur Hälfte), Unfallversicherung (Arbeitgeber allein)

❻ Was leistete 1883 die Krankenversicherung?

Krankengeld (ab 3. Tag, 60 %), ärztliche Behandlung, Arznei- und Hilfsmittel, Krankenhausbehandlung, Sterbegeld und Mutterschaftshilfe

❼ Warum werden die Sozialversicherungen heute immer teurer?

Steigende Kosten im Gesundheitswesen (Krankenhaus, Medikamente, Arztkosten); immer mehr alte Menschen mit Krankheiten; Menschen werden immer älter

Best.-Nr. 780 © Brigg Pädagogik Verlag GmbH, Augsburg

Lösung durch Revolution

Karl Heinrich Marx

Er wurde am 5. Mai 1818 als drittes von neun Kindern von Heinrich und Henrietta Marx, geborene Presborck, in Trier geboren. Ab 1830 besuchte er fünf Jahre lang das Friedrich-Wilhelm-Gymnasium in Trier, anschließend studierte er bis 1836 Rechtswissenschaften in Bonn, danach bis 1841 Philosophie und Geschichte in Berlin. Er promovierte per Post an der Universität Jena zum Doktor der Philosophie. Ab 1841 arbeitete Marx als Redakteur für die „Rheinische Zeitung für Politik, Handel und Gewerbe" in Köln, bis diese 1843 verboten wurde. Im März 1843 heiratete er Jenny von Westphalen und zog nach Paris um. Dort lernte er 1845 Friedrich Engels kennen. Marx griff in dem in Paris erscheinenden deutschen Wochenblatt „Vorwärts!" den Absolutismus der deutschen Länder – besonders Preußen – an. Die preußische Regierung setzte deswegen seine Ausweisung aus Frankreich durch, sodass Marx Anfang 1845 nach Brüssel übersiedeln musste, wohin Engels ihm folgte. Dort gründete Marx mit Engels den „Deutschen Arbeiterverein" und war Mitarbeiter der „Deutsch-Brüsseler-Zeitung". Bei einer gemeinsamen Studienreise nach England im Sommer 1845 knüpften sie Verbindungen zum revolutionären Flügel der Chartisten, einer britischen Reformbewegung. Marx gab im Dezember 1845 die preußische Staatsbürgerschaft auf, nachdem er erfahren hatte, dass die preußische Regierung vom belgischen Staat seine Ausweisung erwirken wollte. Als Mitglied des „Bunds der Kommunisten" bis zu dessen Auflösung 1848 verfasste Marx mit Engels 1847 das „Kommunistische Manifest". Mit Beginn der Märzrevolution kehrte Marx 1848 nach Köln zurück und wurde Chefredakteur der „Neuen Rheinischen Zeitung. Organ der Demokratie". 1849 wurde er im Prozess wegen Aufreizung zur Rebellion freigesprochen. Nach dem Erstarken der reaktionären Kräfte erfolgte die Ausweisung aus Deutschland. Marx war nun staatenlos. Ab 1849 lebte er im Exil in England und arbeitete als Journalist für zahlreiche Zeitungen und als Privatgelehrter. 1850 unterhielt Marx eine Beziehung zu seiner Haushälterin Helena „Helene" Demuth. Von 1851 bis 1862 war er Korrespondent der „New York Daily Tribune". 1861 reiste er nach Deutschland, wo er sich mit Ferdinand Lassalle in Berlin traf. 1864 nahm Marx an der Gründung der „Internationalen Arbeiter-Assoziation" („Erste Internationale") teil, für die er die Statuten verfasste. 1865 erfolgte der Bruch mit dem „Allgemeinen Deutschen Arbeiterverein". Ein Jahr später wurde Marx in Abwesenheit auf dem 1. Kongress der „Internationalen Arbeiter-Assoziation" in Genf in den Generalrat gewählt. 1867 erschien der erste Band seines Hauptwerkes „Das Kapital – Kritik der politischen Ökonomie". Auf dem 5. Kongress der „Internationalen Arbeiter-Assoziation" in Den Haag 1872 kam es zum Bruch mit den Anarchisten. 1882 unternahm Marx Reisen in die Schweiz, nach Frankreich und Algier. Am 14. März 1883 starb Marx in London.

Friedrich Engels

Er wurde am 28. November 1820 als ältestes von neun Kindern des Textilfabrikanten Friedrich Engels und dessen Frau Elisabeth, geborene van Haar, in Wuppertal) geboren. Ein Jahr vor dem Abitur verließ Engels die Schule und absolvierte eine Lehre als Kaufmann. 1842 bis 1844 arbeitete er in Manchester im väterlichen Zweigbetrieb. Dort hatte er Kontakt mit der englischen Arbeiterbewegung und wurde Sozialist. Auf der Rückreise nach Deutschland traf Engels 1844 in Paris mit Karl Marx zusammen. Mit ihm verband ihn ab sofort eine lebenslange Freundschaft. Engels arbeitete eng mit Marx zusammen, da sie politisch weitgehend auf einer Linie waren. Nach der Teilnahme an dem gescheiterten pfälzischen Aufstand emigrierte Engels nach England, wo er in Manchester seine kaufmännische Tätigkeit (bis 1869) mit seiner politischen und schriftstellerischen Arbeit verband und von hier aus Marx finanziell unterstützte. 1870 übersiedelte er nach London und wurde Mitglied des Generalrats der 1. Internationale.

Am 5. August 1895 starb Engels nach kurzer Krankheit in London. Von seinem beträchtlichen Vermögen bestimmte er eine erhebliche Summe für die deutsche Sozialdemokratie.

Das Manifest der kommunistischen Partei 1848 (Auszüge)

So stellte sich Karl Marx eine klassenlose Gesellschaft vor:

In der kommunistischen Gesellschaft hat nicht jeder einen ausschließlichen Kreis der Tätigkeit, sondern kann sich in jedem beliebigen Zweig ausbilden. Die Gesellschaft regelt die allgemeine Produktion und macht mir eben dadurch möglich, heut dies, morgen jenes zu tun, morgens zu jagen, nachmittags zu fischen, abends Viehzucht zu treiben, auch das Essen zu kritisieren, ohne je Jäger, Fischer, Hirt oder Kritiker zu werden, wie ich gerade Lust habe.

Die Kommunisten verschmähen es, ihre Ansichten und Absichten zu verheimlichen. Sie erklären es offen, dass ihre Zwecke nur erreicht werden können durch den gewaltsamen Umsturz aller bisherigen Gesellschaftsordnung. Mögen die herrschenden Klassen vor einer kommunistischen Revolution zittern. Die Proletarier haben nichts in ihr zu verlieren als ihre Ketten. Sie haben eine Welt zu gewinnen. Proletarier aller Länder, vereinigt euch!

Der Prophet des Kapitalismus

Adam Smith und die Mechanismen der Marktwirtschaft

Adam Smith wurde am 5. Juni 1723 in Kirkcaldy in Schottland geboren. Er war Moralphilosoph, Aufklärer und Begründer der klassischen Volkswirtschaftslehre. Sein Vater war Direktor eines Bauunternehmens, seine Mutter Tochter eines reichen Landbesitzers. Ab dem 14. Lebensjahr studierte Smith bis 1746 Philosophie an den Universitäten Glasgow und Oxford. Im Alter von 27 Jahren wurde er Professor, legte aber 1763 die Professur nieder, um den lukrativen Posten des Tutors beim Herzog von Buccleuch anzunehmen, der ihm schon nach drei Jahren eine lebenslange Pension von 300 Pfund Sterling einbrachte. 1767 bis 1778 verbrachte Smith in seiner Geburtsstadt Kirkcaldy. 1776 veröffentlichte er das auf einer Bildungsreise 1764 geschriebene Werk „Wohlstand der Nationen", das zu einem überwältigendem Erfolg wurde. Handel, Tausch und Streben nach Wohlstand, so schreibt Smith, sind dem Menschen angeborene Verhaltensweisen. Das gelänge aber nur durch Arbeit. Dabei erkannte Smith die Bedeutung der **Arbeitsteilung** und **Spezialisierung** für das Erreichen von Reichtum. 1778 wurde Smith zum Zollkommissar von Schottland benannt. Fortan lebte er in Edinburgh. Bis 1780 gelang es ihm, das schwer angeschlagene schottische Geldwesen in Ordnung zu bringen. Trotz mehrerer Heiratsanträge blieb Smith unverheiratet. Er starb am 17. Juli 1790 in Edinburgh.

Smith untersucht in seinem Werk „Wohlstand der Nationen" u. a. die Bedeutung der Arbeitsteilung, die für ihn von zentraler Bedeutung für den wachsenden Wohlstand ist. Sie insbesondere verbessert die produktiven Kräfte der Arbeit, was er am Beispiel der Stecknadelproduktion aufzeigt. Ein nicht besonders ausgebildeter Arbeiter kann sicherlich keine zwanzig Nadeln, wahrscheinlich nicht einmal eine Nadel am Tag herstellen. Hingegen können in einer kleinen spezialisierten Manufaktur zehn Arbeiter täglich etwa 48000 Stecknadeln produzieren, jeder Arbeiter also 4800 Stecknadeln. Mit einem rasanten Anwachsen der Produktion – als Folge der Arbeitsteilung – führt das in einem gut regierten Staat zu allgemeinem Wohlstand, der selbst in den untersten Schichten der Bevölkerung spürbar wird.

Unsere heutigen Vorstellungen von der **Wirksamkeit des Marktes** und des **freien Wettbewerbs** sind im Wesentlichen schon in den Gedanken von Adam Smith enthalten. Übereinstimmend bezeichnet man heute Smiths Werk „Wohlstand der Nationen" als eine der größten Errungenschaften der Geistesgeschichte.

Best.-Nr. 780 © Brigg Pädagogik Verlag GmbH, Augsburg

GE	Name: ______________________	Datum: ____________	

Wer löst die soziale Frage? (5)

Lösung durch revolutionäre Umgestaltung der Gesellschaft

❶ Wie heißen die beiden Männer auf den Bildern?

____

____

____

❷ Die beiden Männer sind die Begründer des revolutionären Sozialismus. Er besagt, dass sich die soziale Frage nur mit ______________ lösen lässt, was nur über die Ergreifung der Macht möglich ist.

Marx und Engels sahen im ________________________ den Motor für alle geschichtlichen Ereignisse. Dabei standen sich bisher immer zwei Parteien gegenüber:

K________________ ↔ P________________

U________________ ↔ A________________

↓ ↓

immer ____________ ↔ immer ____________

ungeheuere Gewinne ↔ Ausbeutung

↓

sozialistische R________________

❸ Setze die fehlenden Wörter ein.

Die Lehre von Marx bildet die Grundlage für S________________ und K________________ und bedeutet die Abschaffung der A________________ der Arbeiterklasse in einer künftig klassen__________ Gesellschaft. Hierzu soll der revolutionäre Sturz der herrschenden Klasse durch das P________________ erfolgen. Die künftige Herrschaft ist die sogenannte D________________ des Proletariats.

Dieser Zeitraum, in dem noch gegen Reste der herrschenden Klasse gekämpft wird, nennt man im marxistischen Sinne S________________.

Nach Überwindung dieses Zeitraumes existieren keine Klassen mehr, der Kommunismus ist erreicht – eine klassenlose G________________.

❹ Wie verläuft für Karl Marx der Weg bis zur klassenlosen Gesellschaft?

____

____

____

GE Lösung

Wer löst die soziale Frage? (5)

Lösung durch revolutionäre Umgestaltung der Gesellschaft

❶ Wie heißen die beiden Männer auf den Bildern?

Karl Marx (Bild links)

Friedrich Engels

(Bild rechts)

❷ Die beiden Männer sind die Begründer des revolutionären Sozialismus. Er besagt, dass sich die soziale Frage nur mit *Gewalt* lösen lässt, was nur über die Ergreifung der Macht möglich ist.

Marx und Engels sahen im *Klassenkampf* den Motor für alle geschichtlichen Ereignisse. Dabei standen sich bisher immer zwei Parteien gegenüber:

K*apitalisten* ↔ P*roletarier*

U*nternehmer* ↔ A*rbeiter*

↓ ↓

immer *reicher* ↔ immer *ärmer*

ungeheuere Gewinne ↔ Ausbeutung

↓

sozialistische R*evolution*

❸ Setze die fehlenden Wörter ein.

Die Lehre von Marx bildet die Grundlage für S*ozialismus* und K*ommunismus* und bedeutet die Abschaffung der A*usbeutung* der Arbeiterklasse in einer künftig klassen*losen* Gesellschaft. Hierzu soll der revolutionäre Sturz der herrschenden Klasse durch das P*roletariat* erfolgen. Die künftige Herrschaft ist die sogenannte D*iktatur* des Proletariats.

Dieser Zeitraum, in dem noch gegen Reste der herrschenden Klasse gekämpft wird, nennt man im marxistischen Sinne S*ozialismus*.

Nach Überwindung dieses Zeitraumes existieren keine Klassen mehr, der Kommunismus ist erreicht – eine klassenlose G*esellschaft*.

❹ Wie verläuft für Karl Marx der Weg bis zur klassenlosen Gesellschaft?

Kapitalkonzentration → Überproduktion → Absatzkrise → Zusammenbruch der kapitalistischen Wirtschaft → Weltrevolution → Produktionsmittel dem Volk → Produktion ohne Profit

Hubert Albus: Von der industriellen Revolution bis zum Imperialismus
Best.-Nr. 780 © Brigg Pädagogik Verlag GmbH, Augsburg

GE	Name: ______________________	Datum: ____________	

Die industrielle Revolution – ein Überblick

❶ Suche die Zentren der Industrialisierung in Europa bis 1900. Umrande sie.

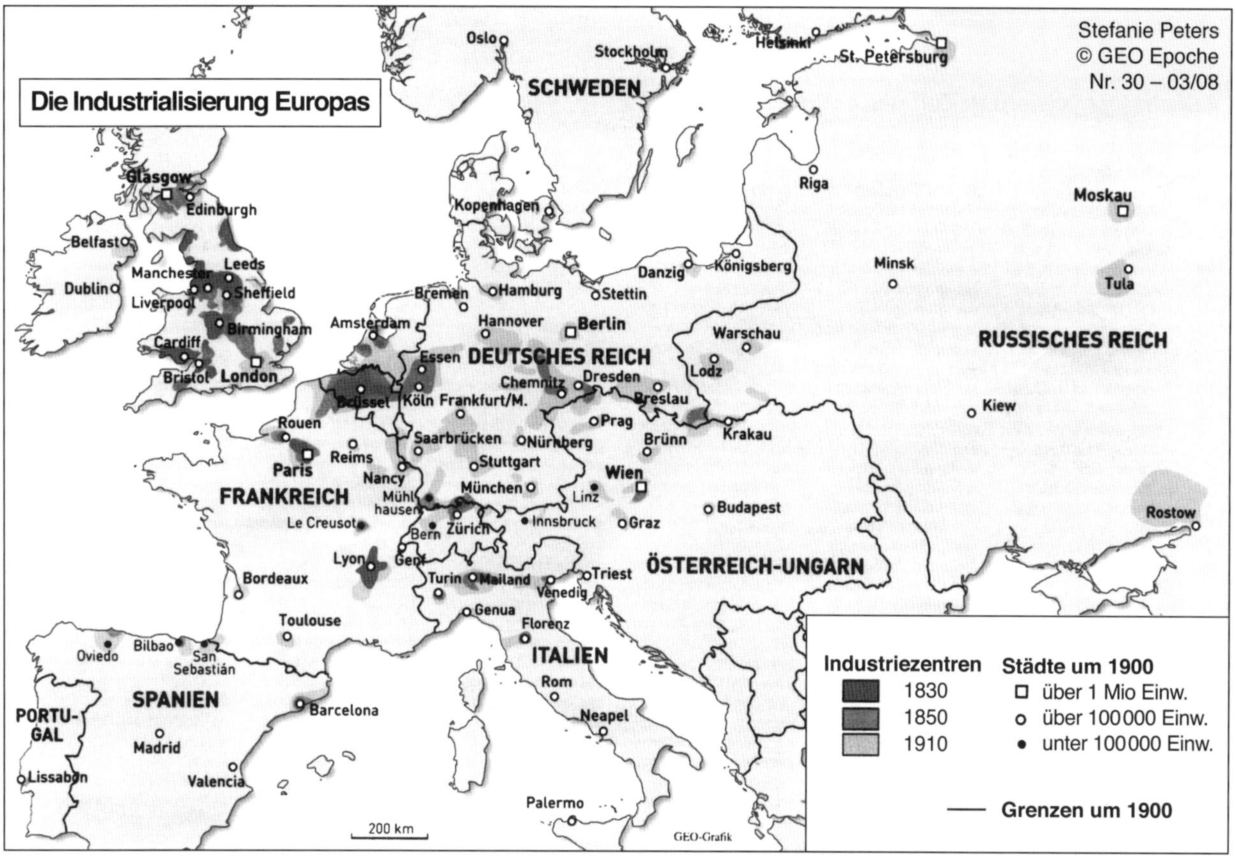

❷ Die Kondratjew-Zyklen: Neue Technologien lösen Entwicklungsschübe aus

1. Zyklus: ____
2. Zyklus: ____
3. Zyklus: ____
4. Zyklus: ____
5. Zyklus: ____

1785–1845	1845–1900	1900–1950	1950–1990	1990–2020
• Dampfmaschine • mechanischer Webstuhl • Dampfschiff • Kohle- und Eisentechnologie	• Eisenbahn • Telegrafie • Stahlindustrie • Zement • Fotografie	• Elektrifizierung • Chemie • Auto • Aluminium	• Elektronik • Fernsehen • Kernkraft • Kunststoffe • Raumfahrt	• Internet • Informationstechnologie • Nanotechnologie • Biotechnologie
Niedergang des Handwerks		Entstehung von Großkonzernen und Kartellen	Fließbandfertigung und Massenproduktion	Globalisierung
60 Jahre	55 Jahre	50 Jahre	40 Jahre	30 Jahre

1785 – 1845 – 1900 – 1950 – 1990 – 2020

GE Lösung

Die industrielle Revolution – ein Überblick

❶ Suche die Zentren der Industrialisierung in Europa bis 1900. Umrande sie.

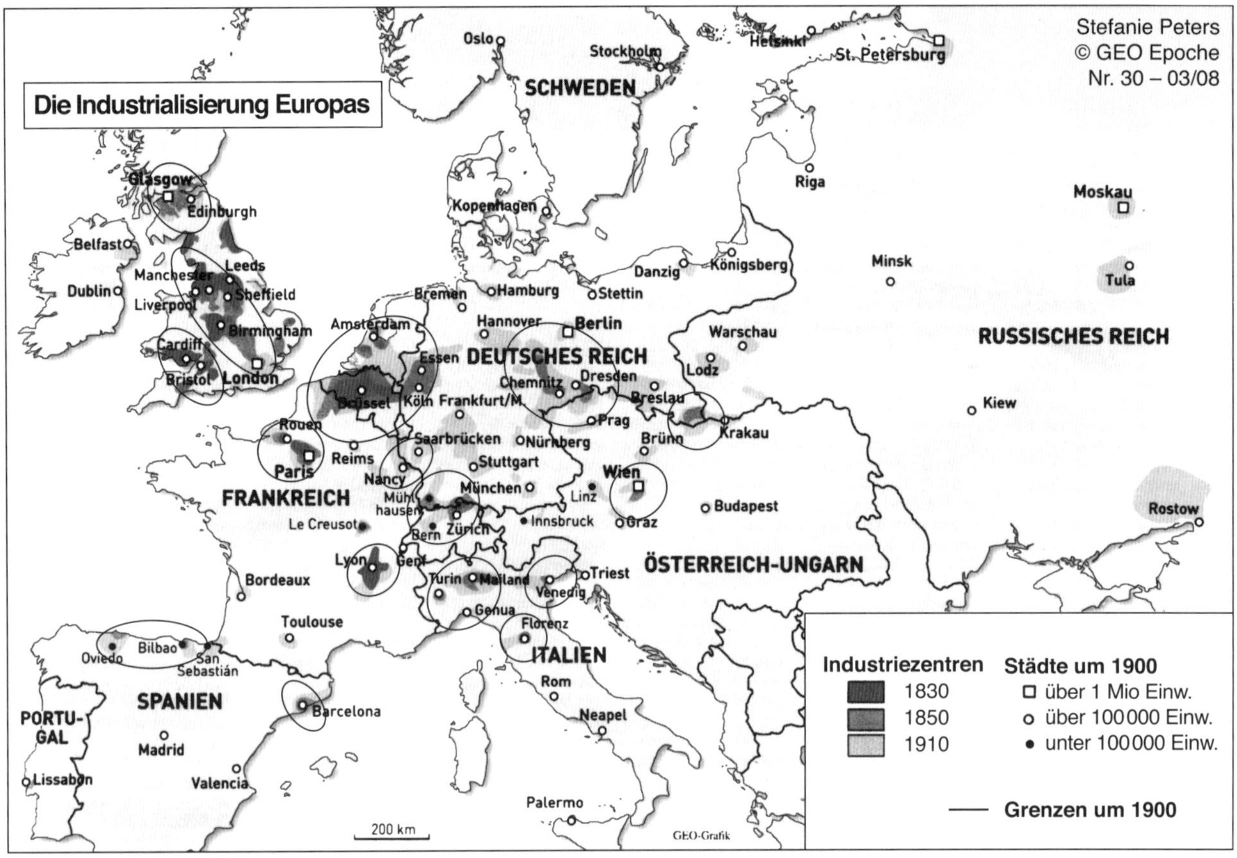

❷ Die Kondratjew-Zyklen: Neue Technologien lösen Entwicklungsschübe aus

1. Zyklus: *Dampfmaschine, Frühmechanisierung, Industrialisierung in Deutschland → Kraft*
2. Zyklus: *Eisenbahn, Dampfschiffe, zweite industrielle Revolution → Transport*
3. Zyklus: *Elektrotechnik und Schwermaschinen, Chemie → Verarbeitung*
4. Zyklus: *Integrierter Schaltkreis, Kernenergie, Transistor → Automatisierung*
5. Zyklus: *Informations- und Kommunikationstechnik → Integration*

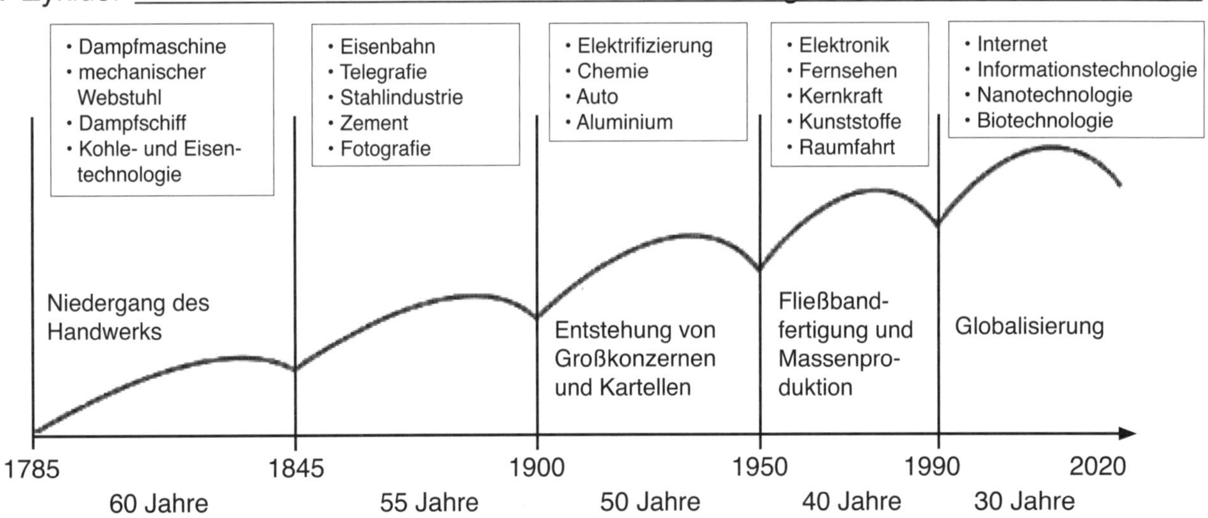

GE | Name: ____________ | Datum: ____________

Die industrielle Revolution – was weißt du noch? (1)

❶ Welche Personen sind auf den Bildern unten dargestellt? Beruf? Leistung? (20 P.)

① ____________

② ____________

③ ____________

④ ____________

⑤ ____________

⑥ ____________

⑦ ____________

⑧ ____________

⑨ ____________

⑩ ____________

❷ Welche Wissenschaftler und Erfinder sind unten abgebildet? Leistung? (12 P.)

① ____________ ② ____________

③ ____________ ④ ____________

⑤ ____________ ⑥ ____________

GE Lösung

Die industrielle Revolution – was weißt du noch? (1)

❶ Welche Personen sind auf den Bildern unten dargestellt? Beruf? Leistung? (20 P.)

① *Wilhelm Emmanuel von Ketteler; Bischof von Mainz; Krankenhäuser und Heime*

② *Ferdinand August Bebel; Politiker, Parteivorsitzender; Gründung der SDAP und SAPD*

③ *Robert Owen; britischer Unternehmer; Begründer des Genossenschaftswesens*

④ *Adolph Kolping; katholischer Priester; Begründer des Kolpingwerkes*

⑤ *Adam Smith; schottischer Moralphilosoph; Begründer der Volkswirtschaftslehre*

⑥ *Otto E. L. Fürst von Bismarck; Reichskanzler; Sozialversicherungen, Reichsgründer*

⑦ *Ferdinand Lassalle; Schriftsteller, Politiker; Gründer des Allg. Deutschen Arbeitervereins*

⑧ *Ernst Karl Abbe; Physiker, Optiker, Unternehmer; sozialpolitische Reformen*

⑨ *Karl Heinrich Marx; Journalist, Gesellschaftstheoretiker; Begründer des Kommunismus*

⑩ *Alfred Krupp; Industrieller, Erfinder; soziale Einrichtungen für Arbeiter*

❷ Welche Wissenschaftler und Erfinder sind unten abgebildet? Leistung? (12 P.)

① *James Watt; Dampfmaschine 1769*

② *Justus von Liebig; Künstdünger*

③ *W. Conrad Röntgen; Röntgenstrahlen*

④ *George Stephenson; Dampflokomotive*

⑤ *Robert Koch; Milzbrand-, Tbc-Erreger*

⑥ *Edmond Cartwright; Webmaschine*

Hubert Albus: Von der industriellen Revolution bis zum Imperialismus
Best.-Nr. 780 © Brigg Pädagogik Verlag GmbH, Augsburg

GE	Name: ______________________	Datum: __________	

Die industrielle Revolution – was weißt du noch? (2)

❸ In welchem Land nahm die industrielle Revolution ihren Ausgangspunkt? Warum gerade dort? (5 P.)

____

____

____

❹ Welche Neuerungen gab es – bedingt durch die Erfindung der Dampfmaschine – im Bereich des Verkehrs? (5 P.)

____

____

____

❺ Was verstehst du unter der „elektrischen Revolution"? (1 P.)

____

____

❻ Zähle vier Erfindungen bis 1900 auf, die mit Strom zu tun haben? (4 P.)

① ____

② ____

③ ____

④ ____

❼ Was sind sogenannte „Mietskasernen"? Wohnverhältnisse? (4 P.)

____

____

____

❽ Berichte kurz über die Schattenseiten der industriellen Revolution. (4 P.)

____

____

____

____

____

____

❾ Was verstehst du unter der „sozialen Frage"? (2 P.)

____

____

❿ Wer bot Lösungen zur sozialen Frage? (5 P.)

____

____

____

____

62 Punkte

Best.-Nr. 780 © Brigg Pädagogik Verlag GmbH, Augsburg

GE	Lösung

Die industrielle Revolution – was weißt du noch? (2)

❸ In welchem Land nahm die industrielle Revolution ihren Ausgangspunkt? Warum gerade dort? (5 P.)

Die industrielle Revolution nahm in England ihren Ausgangspunkt. Ursachen waren ein starker Bevölkerungsanstieg, Veränderungen in der Landwirtschaft, Wegfall des Zunftzwanges, Schutzzölle für einheimische Waren, Absatzmarkt in den Kolonien u. a.

❹ Welche Neuerungen gab es – bedingt durch die Erfindung der Dampfmaschine – im Bereich des Verkehrs? (5 P.)

Dampfwagen (Trevithick 1797), Dampfschiffe (Fulton 1807), Lokomotive (Stephenson 1814), erste Eisenbahn in England (1825), erste Eisenbahn in Deutschland (1835), betriebene Straßenfahrzeuge (Lenoir 1860, Otto 1864, Marcus 1870), Automobil (Benz 1886)

❺ Was verstehst du unter der „elektrischen Revolution"? (1 P.)

Mit der Beherrschbarkeit der Elektrizität trat die industrielle Revolution in eine zweite Phase, zu der auch die Errungenschaften der Chemie und das Automobil gehören.

❻ Zähle vier Erfindungen bis 1900 auf, die mit Strom zu tun haben? (4 P.)

① *Morse (Telegrafie 1844), Telefon (Reis 1861)*

② *Elektrodynamo (Siemens 1866)*

③ *Glühlampe (Goebel 1854 und Edison 1879)*

④ *Energieübetragung mit Wechselstrom (Tesla 1886)*

❼ Was sind sogenannte „Mietskasernen"? Wohnverhältnisse? (4 P.)

Mehrgeschossige, innerstädtische Wohnanlage mit Innenhöfen aus der Zeit der Industrialisierung für Arbeiter und Angestellte. Wohnungsnot durch starke Zuwanderung in Städte → Rendite durch enge Bebauung und auf Kosten der Qualität → oft Mietwucher.

❽ Berichte kurz über die Schattenseiten der industriellen Revolution. (4 P.)

Stickige Luft und verschmutzte Flüsse wurden damals als notwendige Begleiterscheinung des Aufstiegs hingenommen. Die meisten Menschen existierten nur als Sklaven des Berufs, des Geldes oder des großstädtischen Vergnügungstaumels. Es bestand eine riesige Kluft zwischen bitterer Armut und unvorstellbarem Reichtum. Es dominierten Profit und Kommerz in einer freien Marktwirtschaft, in welcher der kleine Mann auf der Straße auf der Strecke blieb. Auch in Bezug auf Bildung war die Unterschicht ausgeschlossen.

❾ Was verstehst du unter der „sozialen Frage"? (2 P.)

Darunter versteht man die Auseinandersetzung mit den sozialen Missständen (Pauperismus, Existenzunsicherheit), die mit der industriellen Revolution einhergingen.

❿ Wer bot Lösungen zur sozialen Frage? (5 P.)

Zur Lösung der sozialen Frage bildeten sich verschiedene gesellschaftliche und politische Organisationen und Parteien wie die Genossenschaftsbewegung, die Arbeiterbewegung, die Organisationen der Kirchen, die auf den Grundsätzen der christlichen Soziallehre aufbauen, die neu gegründeten Gewerkschaften und neue politische Parteien.

62 Punkte

Hubert Albus: Von der industriellen Revolution bis zum Imperialismus
Best.-Nr. 780 © Brigg Pädagogik Verlag GmbH, Augsburg

Preußens Aufstieg zur deutschen Führungsmacht

Lerninhalte:

- Wissen um die Person „Bismarcks“, die eng mit Preußens Aufstieg verbunden ist
- Kenntnis von den Kriegen gegen Dänemark 1864 und Österreich 1866
- Wissen um die Gründung des Norddeutschen Bundes und seine Verfassung 1767
- Erkennen und Beurteilen der Ziele Bismarcks zur Deutschen Frage
- Erkenntnis, dass ein Konflikt mit Frankreich vorprogrammiert ist

Arbeitsmittel/Medien:

- Arbeitsblatt
- Gruppenarbeitsblatt 1: Bismarcks Konflikt mit dem preußischen Parlament
- Gruppenarbeitsblatt 2: Der Deutsch-Dänische Krieg 1864
- Gruppenarbeitsblatt 3: Der Preußisch-Österreichische Krieg 1866
- Gruppenarbeitsblatt 4: Der Norddeutsche Bund 1867
- Folie 1: Karte – Deutscher Bund 1815
- Folie 2: Verfassung Norddeutscher Bund 1867
- Folie 3: Lösung zum Arbeitsblatt
- Bild 1 für die Tafel: Eroberung von Alsen im Deutsch-Dänischen Krieg 1864
- Bild 2 für die Tafel: Königgrätz im Preußisch-Österreichischen Krieg 1866
- DVD 4662276: Die Einigung Deutschlands führt über Preußen (2009; 17 min; sw + farbig)

Folie 1

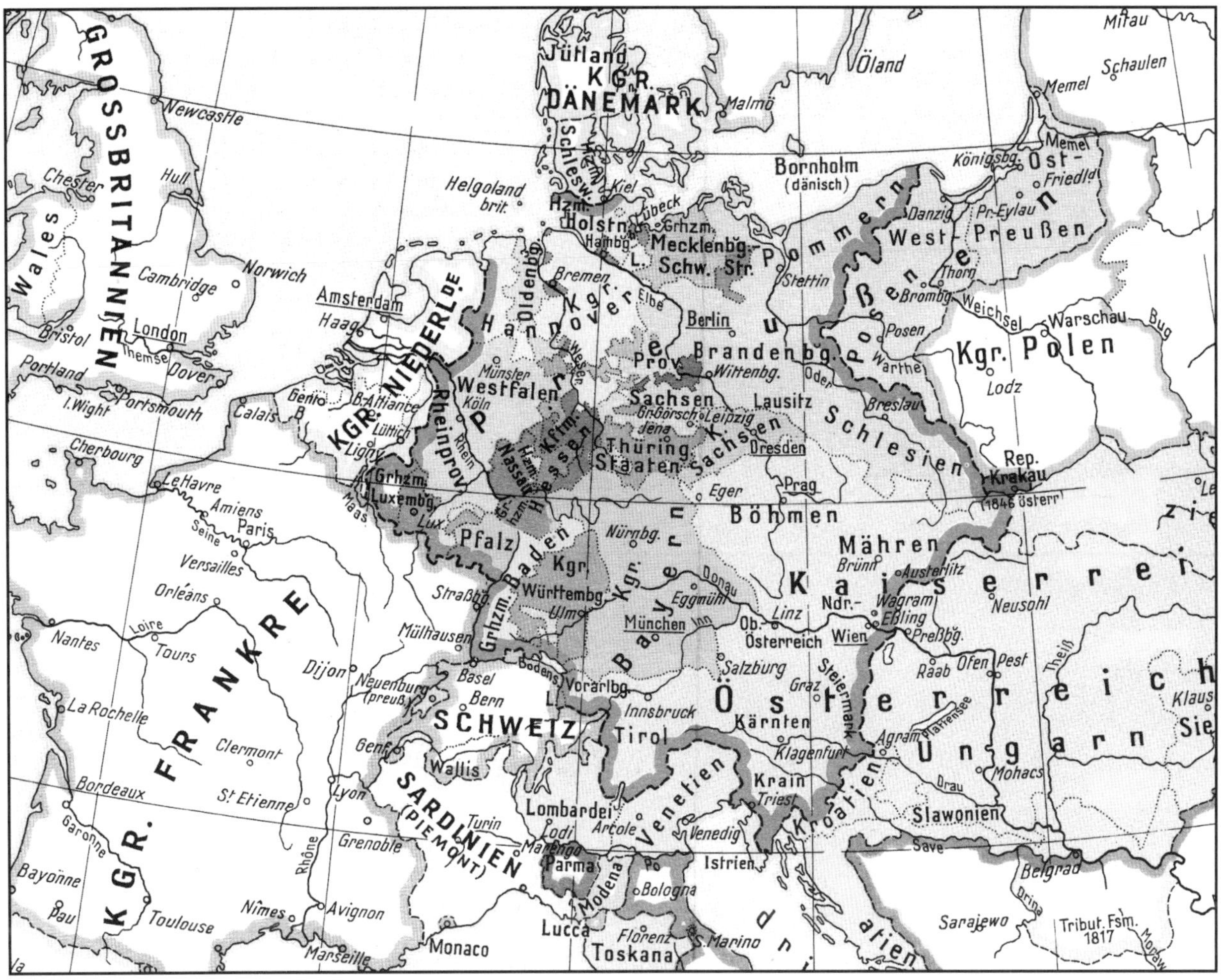

Verlaufsskizze (2 UE)

I. Motivation

Stummer Impuls Aussprache Überleitung Zielangabe	Tafel Bilder 1/2 (S. 75/77) Tafel	Eroberung von Alsen Königgrätz L: Deutsch-Dänischer Krieg 1864 Preußisch-Österreichischer Krieg 1866 Beide Kriege dienten der Vergrößerung Preußens. **Preußens Aufstieg zur deutschen Führungsmacht**

II. Begegnung/Erarbeitung

Stummer Impuls Aussprache	Folie 1 (S. 71) Tafel	Karte: Deutscher Bund Deutscher Bund 1815 als lockerer Staatenbund mit 35 souveränen Staaten und vier Städten
Lehrerfrage Aussprache	 Tafel	L: Was geschah 1848 und 1849? Märzrevolution 1848 scheitert; nationale Einheitsbestrebungen scheitern; Auflösung der Nationalversammlung (Frankfurter Paulskirche)
Gruppenarbeit	Gruppenarbeitsblatt 1 (S. 73)	Bismarcks Konflikt mit dem preußischen Parlament
	Gruppenarbeitsblatt 2 (S. 74)	Der Deutsch-Dänische Krieg 1864
	Gruppenarbeitsblatt 3 (S. 76)	Der Preußisch-Österreichische Krieg 1866
	Gruppenarbeitsblatt 4 (S. 78)	Der Norddeutsche Bund 1867
Kurzreferate Zusammenfassung	 Tafelbild	 Bismarcks Konflikt mit dem preußischen Parlament Der Deutsch-Dänische Krieg 1864 Der Preußisch-Österreichische Krieg 1866 Der Norddeutsche Bund 1867 Die Verfassung des Norddeutschen Bundes

III. Wertung

Stummer Impuls Ausprache mit Lehrerinformation Stummer Impuls Aussprache	Folie 2 (S. 78)	Verfassung Norddeutscher Bund 1867 L: Verfassung von 1867 ist identisch mit der Verfassung des Deutschen Kaiserreiches 1871. L: Beurteile Bismarcks Blut- und Eisen-Rede.

IV. Sicherung

Hausaufgabe Kontrolle	Arbeitsblatt (S. 79) Folie 3 (S. 80)	Preußens Aufstieg zur deutschen Führungsmacht

V. Ausweitung

Zusammenfassung Aussprache	DVD	Die Einigung Deutschlands führt über Preußen (17 min)

Hubert Albus: Von der industriellen Revolution bis zum Imperialismus
Best.-Nr. 780 © Brigg Pädagogik Verlag GmbH, Augsburg

Bismarcks Konflikt mit dem preußischen Parlament

1861 wurde nach dem Tod Friedrich Wilhelms IV. sein Bruder mit 64 Jahren als Wilhelm I. dessen Nachfolger. Der König plante eine Heeresreform mit einer Verlängerung der Reservezeit und einer Erhöhung der Rekrutenzahl von 43000 auf 60000. Das Parlament dagegen strebte eine Landwehr anstelle des stehenden Heeres an, um das Königtum zu schwächen und verweigerte deshalb die benötigten Mittel für die Reform. Daraufhin wurde der Landtag aufgelöst. Die Neuwahlen brachten eine noch stärkere liberale Mehrheit. Als der König abdanken wollte, wies Kriegminister Albrecht von Roon auf Otto von Bismarck hin, der Botschafter in Paris war. Am Tag vor Bismarcks Ernennung zum Ministerpräsidenten lehnte das Abgeordnetenhaus den Haushaltsentwurf für das Jahr 1862 gänzlich ab. Bismarck trat die Flucht nach vorn an. Vor der Budgetkommission des preußischen Abgeordnetenhauses hielt er seine berühmt-berüchtigte „Blut- und Eisen"-Rede, deren Grundgedanken unten zusammengefasst sind.

Nicht auf Preußens Liberalismus sieht Deutschland, sondern auf seine Macht ... Preußen muss seine Kraft zusammenfassen und zusammenhalten auf den günstigen Augenblick, der schon einige Male verpasst ist ... Preußens Grenzen nach den Wiener Verträgen sind zu einem gesunden Staatsleben nicht günstig ... Nicht durch Reden und Majoritätsbeschlüsse werden die großen Fragen der Zeit entschieden – das ist der große Fehler von 1848 und 1849 gewesen –, sondern durch Eisen und Blut.

Vor allem der liberale Flügel protestierte aufs Heftigste gegen den sich anbahnenden Verfassungsbruch. Einige Äußerungen liberaler Politiker:

Bismarck-Schönhausen bedeutet: Regieren ohne Etat, Säbelregiment im Innern, Krieg nach außen. Ich halte ihn für den gefährlichsten Minister für Preußens Freiheit und Glück. (Max v. Forckenbeck)

Du weißt, wie leidenschaftlich ich Preußen liebe. Höre ich aber so einen flachen Junker, wie diesen Bismarck, von dem „Eisen und Blut" prahlen, womit er Deutschland unterjochen will, so scheint mir die Gemeinheit nur noch durch die Lächerlichkeit überboten. (Heinrich v. Treitschke)

Obwohl die liberalen Abgeordneten sich weigerten, den Haushaltsplan zu bewilligen und damit der Heeresreform zuzustimmen, setzte Bismarck die Interessen Wilhelms I. durch. Die Heeresreform finanzierte er insgesamt vier Jahre lang mit Steuern. Die Mehrheit der Bevölkerung, vor allem aber die Presse, kritisierte Bismarcks verfassungsfeindliche Politik heftig. Daraufhin erließ er 1863 eine Presseverordnung, welche die Pressefreiheit stark einschränkte.

August Bebel äußerte sich folgendermaßen über Bismarcks Politik, die über drei Kriege zur „kleindeutschen" Lösung und schließlich zur Reichsgründung 1871 führte:

Das mit „Blut und Eisen" mühsam zusammengeschweißte Reich ist kein Boden für die bürgerliche Freiheit, geschweige für die soziale Gleichheit! Staaten werden mit den Mitteln erhalten, durch die sie gegründet wurden. Der Säbel stand als Geburtshelfer dem Reich zur Seite, der Säbel wird es ins Grab begleiten!"

Der Deutsch-Dänische Krieg 1864

Schleswig-Holstein war schon seit dem Wiener Kongress 1815 ein Streitpunkt zwischen Dänemark und dem Deutschen Bund unter Führung Preußens und Österreichs. Dänemark versuchte nach 1815, Schleswig an sich zu binden, was den Widerstand des Deutschen Bundes zur Folge hatte. Nachdem sich die Fronten verhärtet hatten, drangen preußische Truppen unter Feldmarschall Wrangel im Mai 1848 im Auftrag des Deutschen Bundes in Dänemark ein. Durch den Einfluss Englands, Frankreichs und Russlands wurde jedoch 1852 ein Waffenstillstand erzwungen. Am 18. November 1863 unterzeichnete dann der dänische König Christian IX. eine Verfassung, die eine vollständige Eingliederung Schleswigs in den dänischen Staat vorsah.

Dem seit 1862 amtierenden preußischen Ministerpräsident Bismarck aber kam diese Aktion nicht ganz ungelegen. Da Holstein zum Deutschen Bund gehörte, wurden Österreich und Preußen beauftragt, die Sache zu regeln. So vermied er die Einmischung ausländischer Mächte wie England und Russland. Anfang Dezember 1863 stellte man Dänemark ein Ultimatum, auf das Dänemark nicht einging.

Es wurde eine gemeinsame Interventionsstreitmacht wiederum unter dem Befehl des preußischen Generals Friedrich von Wrangel gebildet. Die verbündeten Truppen bestanden aus ungefähr 60 000 Mann. Aus politischen Gründen wurde betont, dass es sich lediglich um ein begrenztes Unternehmen handelte und nicht um einen offenen Krieg.

Erstürmung der Düppeler Schanzen

„In Gottes Manen drauf" – so soll von Wrangel am Abend des 31. Jauar gesagt haben, nachdem er die Order erhielt, Dänemark anzugreifen. Am 1. Februar überschritten Truppen der Preußen und Österreicher die Eider und marschierten in Schleswig ein.

Es folgte ein kurzer Feldzug. Ziel waren die zwischen Flensburg und Sonderborg an der Küste gelegenen Düppeler Schanzen, eine riesige, mittelalterliche Festung, die bisher als uneinnehmbar galt. Sie wurde am 18. April in einem kurzen, blutigen Nahkampf mit Bajonetten von den preußischen Soldaten erobert. Zuvor hatten die neuen Kanonen der Firma Krupp die starken Festungen sturmreif geschossen.

Damit war der Krieg entschieden. Er forderte auf Seiten der Preußen rund 1200 Tote, fast 5000 Opfer zählten die Dänen.

Dänemark musste am 30. Oktober 1864 im Friedensvertrag von Wien die Herzogtümer Sachsen-Lauenburg und Schleswig an Preußen und Holstein an Österreich abtreten. Damit verlor Dänemark fast eine Million Einwohner und rund ein Drittel seiner Landesfläche.

Österreich und Preußen teilten sich die Aufgaben der Sicherung und Verwaltung der von Dänemark losgelösten Gebiete. Dadurch kam es zu einer direkten Reibung der beiden Staaten, die schließlich 1866 zu einem weiteren Krieg führen sollte.

Hubert Albus: Von der industriellen Revolution bis zum Imperialismus
Best.-Nr. 780 © Brigg Pädagogik Verlag GmbH, Augsburg

Eroberung von Alsen
Deutsch-Dänischer Krieg 1864

Der Preußisch-Österreichische Krieg 1866

Der gemeinsam geführte Krieg gegen Dänemark konnte den grundsätzlichen Interessenkonflikt zwischen den beiden Großmächten Preußen und Österreich nicht verdecken. Bismarck erkannte das Problem bereits zu Beginn sehr früh.

Kriegsminister Roon

Aber erst 1866 schien ihm die Zeit reif zu sein für eine Entscheidung. Wieder entzündete sich der Streit der beiden Großmächte an Schleswig und Holstein. Bismarck wollte sich beide Herzogtümer aneignen. Deshalb ließ er die preußischen Truppen in Holstein einmarschieren und unterbreitete den Vorschlag, Österreich nicht mehr in den neu zu gründenden Deutschen Bund aufzunehmen. Österreich fühlte sich provoziert und stellte daraufhin im Bundestag den Antrag, gegen Preußen die Bundestruppen zu mobilisieren.

Wenig später eröffnete Preußen den Krieg. Auf der Seite Österreichs standen alle Mittelstaaten des Deutschen Reichs, wie Bayern, Sachsen, Hannover, Baden und Württemberg, während Preußen fast keine Verbündeten hatte. Die kriegerischen Auseinandersetzungen fanden vorwiegend in Böhmen statt.

General von Moltke

Als wichtiges Kriegsziel deklarierte König Wilhelm I. die Einigung Deutschlands unter preußischer Führung. Am 21. Juni 1866 stießen die preußischen Truppen unter Generalstabschef Helmuth Graf von Moltke über die böhmische Grenze vor und schlugen die österreichisch-sächsische Armee am 3. Juli 1866 bei Königgrätz vernichtend.

Diese Schlacht begann in den Morgenstunden. Um 7.30 Uhr erfolgte ein verlustreicher Angriff der preußischen Armee, den die Österreicher bis Mittag zum Stehen bringen konnten.

Auf einem Hügel am Rande des Schlachtfeldes versammelten sich zu Pferde König Wilhelm I., Ministerpräsident Bismarck, General von Moltke und Kriegsminister Roon. Nach einer fürchterlichen Kanonade der Österreicher warteten sie auf die zweite Armee des Kronprinzen Friedrich Wilhelm, die von Nordosten her dem Gegner in die Flanke fallen sollte. Das Gelingen dieser Aktion hing vor allem von der neuen Transporttechnologie ab, denn erstmals in der preußischen Militärgeschichte wurden kämpfende Truppen mit der Eisenbahn herangebracht.

Moltkes Strategie „Getrennt marschieren und vereint schlagen“ war nur deshalb erfolgreich, weil Friedrich Wilhelm gegen 14 Uhr rechtzeitig eintraf und einen Überraschungsangriff gegen die rechte Flanke der Österreicher führen konnte. Kurz darauf brach der Widerstand der österreichisch-sächsischen Truppen zusammen. Die geschlagene Armee floh in Richtung Olmütz.

Am 23. August 1866 kam es zum Frieden von Prag. Preußen konnte seine Bedingungen diktieren und eignete sich das Königreich Hannover, das Kurfürstentum Hessen-Kassel, das Herzogtum Nassau, die Freie Stadt Frankfurt und ganz Schleswig-Holstein an. Somit waren nun fast alle preußischen Gebiete miteinander verbunden. Der Deutsche Bund, der im Prinzip schon durch den Krieg zerfallen war, wurde im Frieden von Prag auch formell aufgelöst, ebenso der Deutsche Bundestag. An einem neuen Bund sollte Österreich nicht mehr beteiligt werden – die Weichen für die „kleindeutsche Lösung“ waren endgültig gestellt.

Nach seiner Niederlage im Deutschen Krieg und dem damit verbundenen Machtverlust muss Österreich auch den Forderungen des ungarischen Reichsteiles nachgeben und das Kaiserreich Österreich in die Doppelmonarchie Österreich-Ungarn umwandeln.

Hubert Albus: Von der industriellen Revolution bis zum Imperialismus
Best.-Nr. 780 © Brigg Pädagogik Verlag GmbH, Augsburg

Kaiser Wilhelm I. überreicht Kronprinz Friedrich Wilhelm
auf dem Schlachtfeld von Königgrätz einen Orden
Preußisch-Österreichischer Krieg 1866

Best.-Nr. 780 © Brigg Pädagogik Verlag GmbH, Augsburg

Der Norddeutsche Bund 1867

Schon im August 1866, kurz nach dem preußischen Sieg in der Schlacht von Königgrätz und der Auflösung des Deutschen Bundes, bildeten Preußen und 17 norddeutsche Kleinstaaten per Vertrag den „Norddeutschen Bund“. Zwei Monate später folgten die hessischen Gebiete nördlich des Mains und das Königreich Sachsen. Schließlich gehörten dem Norddeutschen Bund 22 Staaten mit etwa 30 Millionen Einwohnern an.
Otto von Bismarck, dem preußischen Ministerpräsidenten, erreichte durch diplomatisches Geschick, auch die Süddeutschen Staaten durch militärische Schutzbündnisse in seine Interessenssphäre einzubeziehen.
Am 12. Februar 1867 wurden von allen wahlberechtigten Bürgern Preußens 297 Abgeordnete in den neuen Norddeutschen Reichstag gewählt.

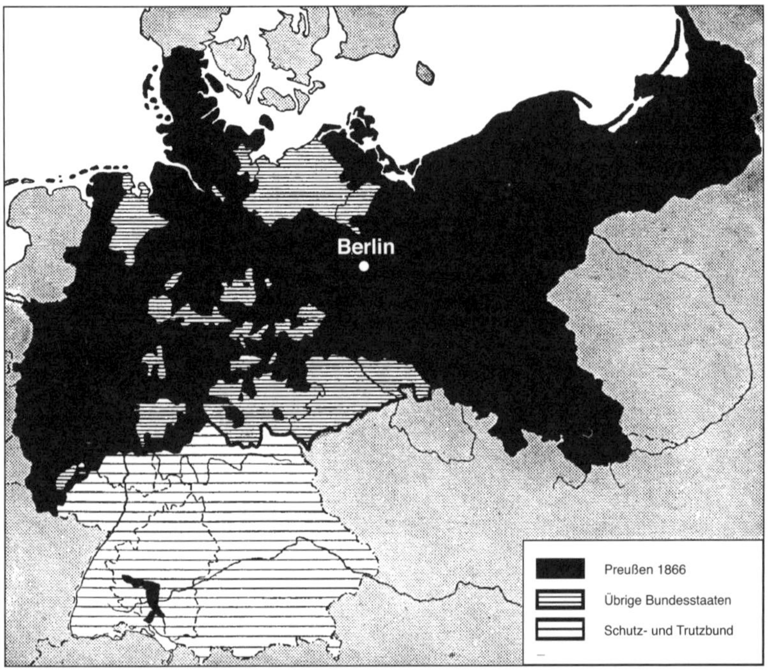

Die Wahl war allgemein, geheim, direkt und frei, was einen großen Fortschritt im Vergleich zum Dreiklassenwahlrecht bedeutete, das in Preußen noch immer Gültigkeit besaß.
Schon am 24. Februar 1867 tagte der Norddeutsche Reichstag zum ersten Mal und beriet über die von Bismarck eingebrachte Verfassung des neuen Bundesstaates.
Am 16. April 1867 nahm der Reichstag die Verfassung an. Sie wurde am 24. Juni verkündet und trat am 1. Juli in Kraft. Die Verfassung des Norddeutschen Bundes ist im Wesentlichen mit der Verfassung des Deutschen Reiches vom 16. April 1871 identisch.

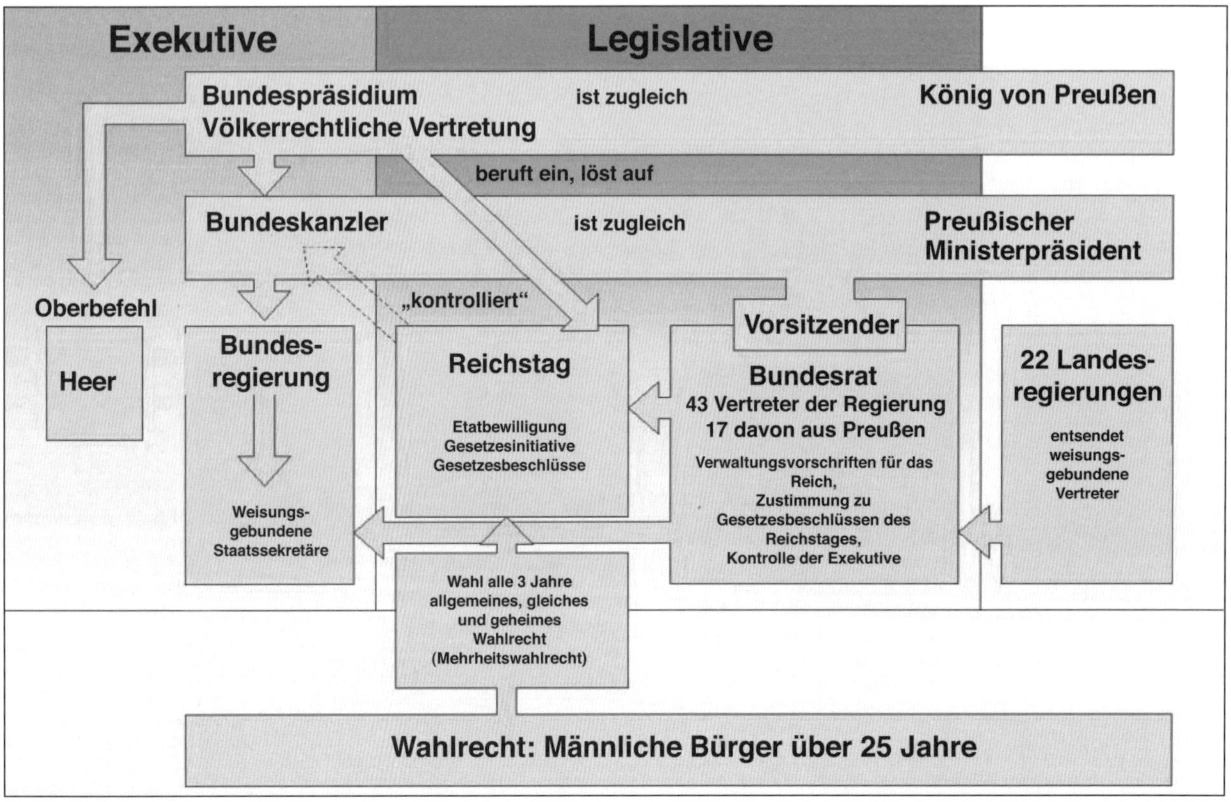

Hubert Albus: Von der industriellen Revolution bis zum Imperialismus
Best.-Nr. 780 © Brigg Pädagogik Verlag GmbH, Augsburg

GE | Name: ______ | Datum: ______

Preußens Aufstieg zur deutschen Führungsmacht
Deutsches Reich 1848 bis 1867

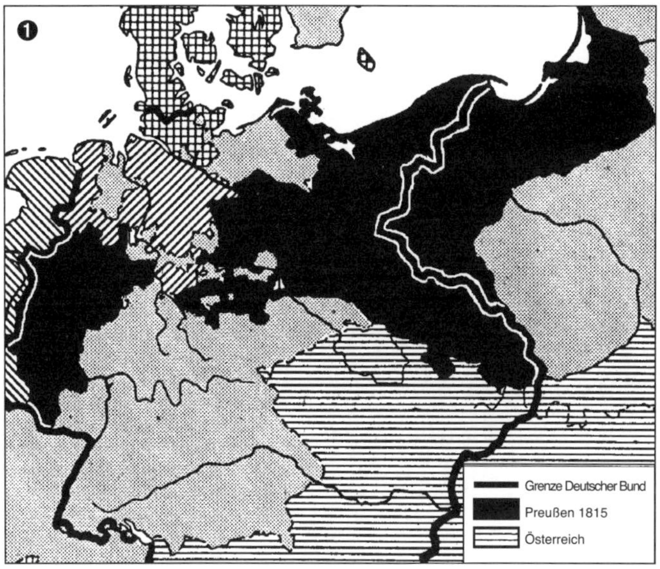

❶ Was geschah 1848 und kurz danach?

❷ Otto von Bismarck wurde 1862 preußischer Ministerpräsident. Welche Probleme hatte er mit dem preußischen Parlament?

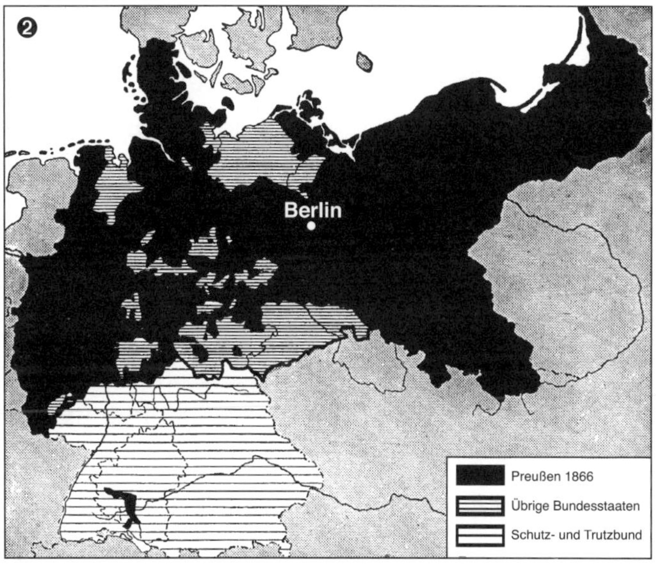

❸ Welche zwei Kriege führte Bismarck bis 1866? Was waren seine Gründe?

❹ Bismarck strebte eine „kleindeutsche Lösung“ an. Was heißt das?

❺ Zwischen den beiden Karten oben liegt ein Zeitraum von rund 20 Jahren. Wie hat sich Preußen geografisch verändert? Welche Gebiete wurden dazugewonnen?

❻ Was war der Norddeutsche Bund? Gründung? Verfassung?

GE Lösung

Preußens Aufstieg zur deutschen Führungsmacht
Deutsches Reich 1848 bis 1867

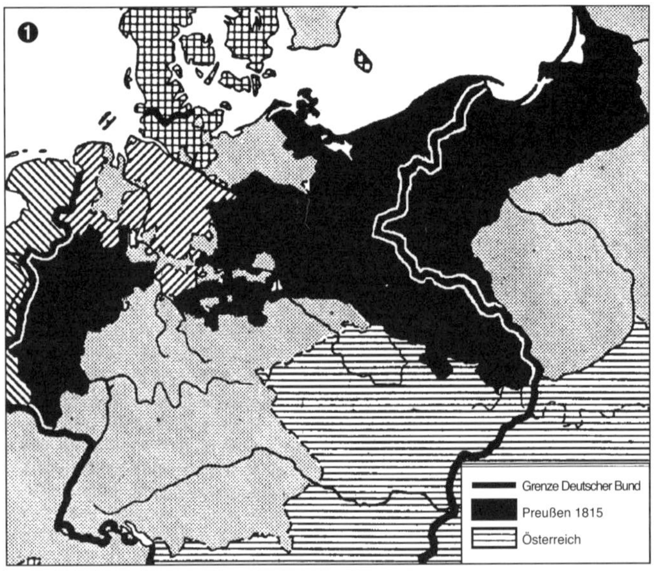

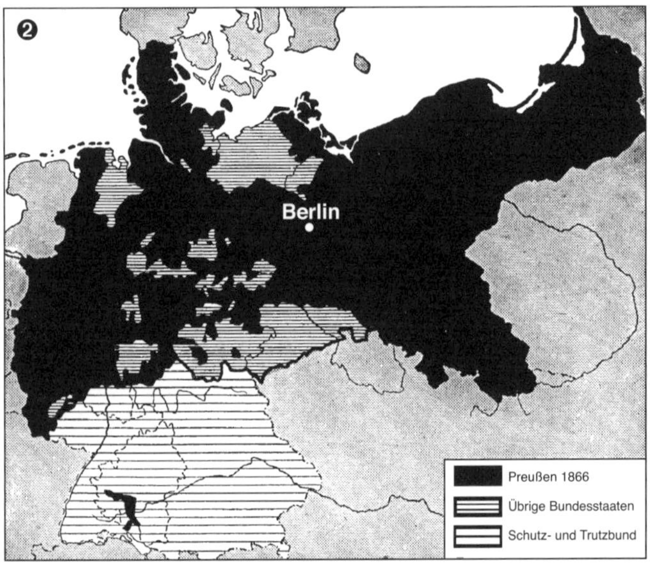

❶ Was geschah 1848 und kurz danach?

Die Märzrevolution 1848 scheiterte, die Nationalversammlung in der Frankfurter Paulskirche wurde aufgelöst. Die Fürsten festigten wieder ihre Macht (Restauration).

❷ Otto von Bismarck wurde 1862 preußischer Ministerpräsident. Welche Probleme hatte er mit dem preußischen Parlament?

Das Parlament verweigerte Bismarck 1862 das Budget zur Heeresreform, worauf dieser gegen Verfassung und Parlament regierte und die Reform trotz der Widerstände durchführte.

❸ Welche zwei Kriege führte Bismarck bis 1866? Was waren seine Gründe?

1864: Sieg Preußens und Österreichs gegen Dänemark → Rückgabe von Schleswig und Holstein. 1866: Sieg Preußens gegen Österreich → Österreich schied aus dem Deutschen Bund aus.

❹ Bismarck strebte eine „kleindeutsche Lösung" an. Was heißt das?

Gründung eines deutschen Reiches unter Ausschluss von Österreich

❺ Zwischen den beiden Karten oben liegt ein Zeitraum von rund 20 Jahren. Wie hat sich Preußen geografisch verändert? Welche Gebiete wurden dazugewonnen?

Preußen ist nicht mehr in zwei Blöcke geteilt und verzeichnete in diesem Zeitraum größere Gebietszugewinne wie Schleswig, Holstein, Lauenburg, Hannover, Kurhessen, Nassau und Frankfurt.

❻ Was war der Norddeutsche Bund? Gründung? Verfassung?

Preußen, Sachsen und zwanzig norddeutsche Kleinstaaten schlossen sich von 1866 bis 1871 vertraglich zusammen. Die Verfassung trat am 1. Juli 1867 in Kraft.

Hubert Albus: Von der industriellen Revolution bis zum Imperialismus
Best.-Nr. 780 © Brigg Pädagogik Verlag GmbH, Augsburg

Die Reichsgründung 1871 und Bismarcks Außenpolitik

Lerninhalte:

- Wissen um Ursachen, Verlauf und Ergebnis des Krieges 1870/71 gegen Frankreich
- Kenntnis der Rolle Bismarcks bei der Reichsgründung 1871
- Wissen um die verschiedenen Bündnisse Bismarcks zur Sicherung des Deutschen Reiches
- Erkennen der geschickten Strategie Bismarcks, die zur Isolierung Frankreichs führte
- Erkenntnis, dass das Ende der Bismarckschen Bündnispolitik zu einem Krieg führen musste

Arbeitsmittel/Medien:

- Arbeitsblätter 1/2: Die Reichsgründung 1871/Bismarcks Außenpolitik ab 1871
- Gruppenarbeitsblatt 1: Die Emser Depesche 1870
- Gruppenarbeitsblatt 2: Der Deutsch-Französische Krieg 1870/71
- Gruppenarbeitsblatt 3: Die Kaiserproklamation im Spiegelsaal zu Versailles am 18. Januar 1871
- Folie 1: Bismarcks Außenpolitik ab 1871
- Folien 2/3: Lösungen zu den Arbeitsblättern 1/2
- Bild 1 für die Tafel: Otto von Bismarck
- Bild 2 für die Tafel: Wilhelm I.
- Bild 3 für die Tafel: König Wilhelm I. mit Stab am Abend nach der Schlacht bei Sedan 1870
- Bild 4 für die Tafel: Kaiserproklamation im Spiegelsaal zu Versailles am 18. Januar 1871
- DVD 4659500: Bismarcks Weg zur kleindeutschen Lösung 1864–1871 (2009; 17 min; sw+farbig)

Tafelbild

Die Reichsgründung 1871

Deutsch-Französischer Krieg 1870/71

↓

Kaiserproklamation in Versailles am 18. Januar 1871

Wilhelm I. starb im sogenannten „Dreikaiserjahr" 1888 (Wilhelm I., Friedrich III., Wilhelm II.)

Bismarcks Außenpolitik ab 1871

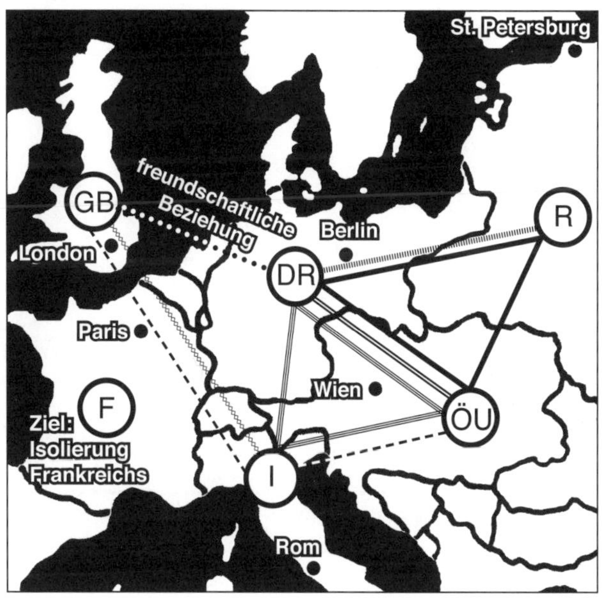

① Dreikaiserbund 1873/1881
② Zweibund 1879
③ Dreibund 1882
④ Mittelmeerabkommen 1887
⑤ Rückversicherungsvertrag 1887
⑥ Orientdreibund 1887

Bismarck musste 1890 wegen seiner vorsichtigen Außenpolitik abdanken. Seine Bündnispolitik wurde von Kaiser Wihelm II. abgelehnt.

Verlaufsskizze (3–4 UE)

I. Motivation

Stummer Impuls	Tafel (S. 89) Tafel (S. 90)	Bild 1: Reichskanzler Otto von Bismarck Bild 2: Kaiser Wilhelm I.
Aussprache Überleitung		L: Der Weg zum Deutschen Kaiserrreich war noch weit. Es bedurfte eines weiteren Krieges.
Zielangabe	Tafel	**Die Reichsgründung 1871 und Bismarcks Außenpolitik ab 1871**

II. Begegnung/Erarbeitung

Kurzreferate	Gruppenarbeit Gruppenarbeitsblatt 1 (S. 83) Gruppenarbeitsblatt 2 (S. 84) Gruppenarbeitsblatt 3 (S. 86)	Die Emser Depesche 1870 Der Deutsch-Französische Krieg 1870/71 Die Kaiserproklamation im Spiegelsaal zu Versailles
Zusammenfassung	Tafel (S. 85) Tafel (S. 87)	Bild 3: König Wilhelm I. mit Stab am Abend nach der Schlacht bei Sedan 1870 Bild 4: Kaiserproklamation im Spiegelsaal zu Versailles am 18. Januar 1871
Stummer Impuls Erlesen Aussprache mit Erarbeitung des Tafelbildes	Folie 1 (S. 88) Tafelbild	Bismarcks Außenpolitik ab 1871 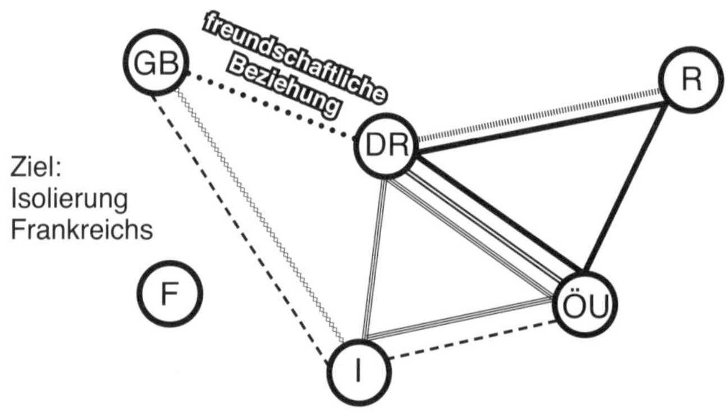
Aussprache		

III. Wertung

Impuls Aussprache Ergebnis		L: Warum konnte diese Bündnispolitik ab 1890 nicht fortgesetzt werden? Wilhelm I. starb im sogenannten „Dreikaiserjahr“ 1888 (Wilhelm I., Friedrich II., Wilhelm II.). Bismarck musste 1890 wegen seiner vorsichtigen Außenpolitik abdanken. Seine Bündnispolitik wurde von Kaiser Wihelm II. abgelehnt. Der Grundstein für den Ersten Weltkrieg war hiermit gelegt.

IV. Sicherung

U. U. Hausaufgabe	Arbeitsblatt 1 (S. 91)	Die Reichsgründung 1871
Kontrolle	Folie 2 (S. 92) Arbeitsblatt 2 (S. 93)	Bismarcks Außenpolitik ab 1871
Kontrolle	Folie 3 (S. 94)	

V. Ausweitung

Zusammenfassung Aussprache	DVD	Bismarcks Weg zur kleindeutschen Lösung 1864–1871 (17 min)

Hubert Albus: Von der industriellen Revolution bis zum Imperialismus
Best.-Nr. 780 © Brigg Pädagogik Verlag GmbH, Augsburg

Die Emser Depesche 1870

Am 3. Juli 1870 beschloss das spanische Parlament in Madrid, einen Prinzen aus dem Haus Hohenzollern als neuen König zu wählen. Das war Bismarck mehr als recht, da Frankreich nun zwischen dem Deutschen Reich und Spanien isoliert war.
Auf die heftige Reaktion der Franzosen, als die Nachricht vom spanischen Hohenzollernkönig in Paris eintraf, war Bismarck aber nicht gefasst. Frankreichs Außenminister Gramont empörte sich, dass durch diese Kandidatur Europas Gleichgewicht der Mächte gefährdet wäre.
Doch auch nach dem Rückzug des Kandidaten gab sich Frankreich nicht zufrieden und verlangte von Wilhelm I. den Verzicht der Hohenzollern auf diesen Thron für alle Zeiten. Als der französische Botschafter dem preußischen König, der sich zur Kur in Bad Ems aufhielt, diese neue Forderung überbrachte, lehnte dieser ab, informierte Bismarck per Depesche über den Vorfall und bat ihn, die Öffentlichkeit zu unterrichten.
Bismarck veröffentlichte die „Emser Depesche" des Kaisers in stark verkürzter Form. Dadurch gewann sie erheblich an Schärfe:

Nachdem die Nachrichten von der Entsagung des Erbprinzen von Hohenzollern der Kaiserlich Französischen Regierung von der Königlich Spanischen amtlich mitgeteilt worden sind, hat der Französische Botschafter in Ems an Seine Majestät den König noch die Forderung gestellt, ihn zu autorisieren, dass er nach Paris telegrafiere, dass Seine Majestät der König sich für alle Zukunft verpflichte, niemals wieder seine Zustimmung zu geben, wenn die Hohenzollern auf ihre Kandidatur wieder zurückkommen sollten.
Seine Majestät der König hat es darauf abgelehnt, den Französischen Botschafter nochmals zu empfangen, und demselben durch den Adjutanten vom Dienst sagen lassen, dass Seine Majestät dem Botschafter nichts weiter mitzuteilen habe.

Für König Wilhelm I. war die Depesche nur eine auf diplomatischer Ebene übliche höfliche Ablehnung einer übertriebenen Forderung. Allerdings las sich die verkürzte Fassung wie die brüske Abweisung einer versuchten Demütigung Preußens und seines Königs. Deutschland fühlte sich durch die von Bismarck veröffentlichte Kurzfassung der Emser Depesche in seinem Nationalstolz verletzt, Frankreich betrachtete die unerlaubte Verkürzung als Provokation.
In dieser Situation wollte keine der beiden Großmächte einen Krieg vermeiden, in dem es nicht zuletzt auch um machtpolitische Interessen ging. Frankreich machte mobil und erklärte am 19. Juli 1870 Preußen den Krieg. Zwangsläufig jedoch wurde es ein Krieg gegen das Deutsche Reich, weil mit der französischen Kriegserklärung für die süddeutschen Staaten der Bündnisfall gegeben war, denn nun traten die 1866 mit Preußen geschlossenen Verträge in Kraft.

Arbeitsaufgabe:
Halte mithilfe von Stichwortkärtchen ein Kurzreferat zum Thema „Die Emser Depesche 1870".

❶ Hohenzoller soll 1870 neuer König von Spanien werden	**❷ Massiver Protest von Frankreich („Einkreisung")**	**❸ Verzicht des Kandidaten auf die spanische Krone**
❹ Frankreichs Forderung auf Verzicht für alle Zeiten	**❺ Ablehnung durch Kaiser Wilhelm I. in Bad Ems 1870**	**❻ Kaiser Wilhelm I. informiert Bismarck mittels Depesche**
❼ Bismarck veröffentlicht Depesche in verschärfter Form	**❽ Frankreich fühlt sich provoziert und macht mobil**	**❾ Kriegserklärung Frankreichs an Preußen am 19. Juli 1870**

Best.-Nr. 780 © Brigg Pädagogik Verlag GmbH, Augsburg

Der Deutsch-Französische Krieg 1870/71

Nach der Kriegserklärung Frankreichs marschierten drei an Zahl überlegene deutsche Armeen unter preußischer Führung in Frankreich ein und schlugen zwei französische Armeen in einer Reihe von Grenzschlachten. Im weiteren Verlauf der Operationen gelang es, eine der beiden Armeen in der Festung Metz einzuschließen. Die andere wurde bei Sedan eingekesselt.

Die entscheidende Schlacht des Deutsch-Französischen Krieges wurde am Morgen des 1. September 1870 bei Sedan eröffnet. Sie dauerte bis vier Uhr nachmittags, als Kaiser Napoleon III., der mittlerweile in Sedan eingetroffen ist, das Kommando übernahm. Er erkannte die Aussichtslosigkeit der Lage und kapitulierte. Noch in der Nacht wurden die Kapitulationsbedingungen ausgehandelt und am nächsten Tag vollzogen. Napoleon III. wurde mit seiner gesamten Armee von 83000 Mann gefangen genommen. Sein Gefängnis wurde Schloss Wilhelmshöhe bei Kassel.

Als die Nachricht von der Gefangennahme des französischen Kaisers in Paris eintraf, kam es zu einem Aufstand. Die gesetzgebende Versammlung wurde aufgelöst, und am 4. September 1870 die französische Republik ausgerufen. Noch im September kapitulierte auch Strassburg, und damit verloren die Franzosen ihre letzte Hoffnung, den deutschen Vormarsch doch noch aufhalten zu können. Die deutschen Truppen rückten auf Paris vor und schlossen die Stadt bis zum 19. September vollständig ein.

Den Nachrichten zufolge, die das große Hauptquartier Anfang Oktober hatte, reichten die Lebensmittelvorräte in Paris sechs Wochen. Allgemein rechnete man Anfang November mit dem Fall der Stadt. Dass die Pariser dann über drei Monate durchhalten würden, war nicht erwartet worden. Auf französischer Seite versuchte man, den Belagerungsring zu durchbrechen, aber alle diese Versuche scheiterten.

Während des deutschen Vormarsches auf Paris flohen viele Einwohner des umliegenden Landes in die befestigte Stadt. Als die ersten deutschen Truppen vor Paris auftauchten, machte sich Panik breit. Lebensmittel wurden rationiert und Bezugskarten ausgegeben. Bedürftige konnten sich bei den Nationalgarden registrieren lassen und bekamen dafür eine geringe finanzielle Unterstützung. Durch die zunehmende Nahrungsmittelknappheit konnten Schwarzmarktgeschäfte und ein starkes soziales Gefälle zwischen den Reichen und Mittellosen bald nicht mehr verhindert werden. Zum Jahreswechsel 1870/71 war die Versorgungslage bereits hoffnungslos geworden. Sogar für Ratten und Mäuse als Verzehrgut wurde viel Geld verlangt.

Waren die Verluste unter der Zivilbevölkerung durch die deutsche Beschießung, die sich auf die militärischen Anlagen konzentriert hatte, verhältnismäßig gering, forderten Hunger, Kälte und Krankheiten ungleich mehr Opfer. Im Durchschnitt starben pro Woche etwa 800 bis 1000 Menschen. Bis in die zweite Januarhälfte hinein erhöhte sich die Zahl auf 5000. Ende Januar war dann die Widerstandskraft der Pariser erlahmt. Die republikanische Regierung kapitulierte am 23. Januar 1871. Daraufhin wurde die seit Ende Dezember andauernde Beschießung von Paris sofort eingestellt. Unter der Bedingung, dass die Armeeeinheiten lediglich ihre Waffen abzugeben hatten, nicht aber in Gefangenschaft geraten sollten, die Nationalgarde nicht entwaffnet würde, sowie kein deutscher Soldat in Uniform die Stadt betreten würde, kapitulierte Paris am 28. Januar 1871.

Arbeitsaufgabe:
Halte mithilfe von Stichwortkärtchen ein Kurzreferat zum Thema „Der Deutsch-Französische Krieg 1870/71“.

❶ Einmarsch von Preußens Armeen in Frankreich	**❷ Preußen gewinnt entscheidende Schlacht bei Sedan**	**❸ Kaiser Napoleon III. wird gefangen genommen**
❹ Kapitulation von Strassburg im September 1870	**❺ Drei Monate lange Belagerung von Paris → Hunger**	**❻ Kapitulation von Paris am 28. Januar 1871**

Hubert Albus: Von der industriellen Revolution bis zum Imperialismus
Best.-Nr. 780 © Brigg Pädagogik Verlag GmbH, Augsburg

König Wilhelm I. mit Stab am Abend nach der Schlacht bei Sedan 1870

Die Kaiserproklamation im Spiegelsaal von Versailles am 18. Januar 1871

Am 18. Januar 1871 versammelten sich im Spiegelsaal des königlichen Schlosses zu Versailles um die Mittagsstunde mehrere hundert Offiziere der preußischen Armee. Sie standen dicht gedrängt in diesem geschichtsträchtigen Saal. Als der preußische König Wilhelm I. und der Kronprinz an der Spitze der deutschen Fürsten den Saal betraten, begann der Gottesdienst. Nach dem Schlussgebet und dem Choral „Nun danket allen Gott" trat der preußische König Wilhelm I., gefolgt von den Fürsten der deutschen Länder, auf die mit den Fahnen und Standarten aller Paris belagernden Regimenter geschmückte Estrade. Nachdem König Ludwig II. von Bayern im Namen der deutschen Fürsten Wilhelm I. von Preußen zum Kaiser ausgerufen hatte, verkündete dieser, er würde die ihm von den deutschen Fürsten und dem deutschen Volk angebotene Kaiserwürde annehmen.

Hofmaler Anton von Werner hielt das Ereignis im Auftrag des preußischen Königs mit kräftigen Farben auf der Leinwand fest: Wilhelm von Hohenzollern, etwas erhöht, mit ernstem Blick die Huldigung entgegennehmend, aber im Mittelpunkt des Bildes, in weißer Uniform, der „Baumeister" des Reiches, Otto von Bismarck.

Heftig umstritten war bis zuletzt der Titel des Kaisers. Sollte Wilhelm „Kaiser der Deutschen", „Kaiser von Deutschland" oder „Deutscher Kaiser" genannt werden? Großherzog Friedrich von Baden umging den Streit, indem er spontan einen Hochruf auf „Kaiser Wilhelm" ausbrachte. Als dieser im Saal zum dritten Mal unter Waffengeklirr aufbrandete, dröhnten draußen die Kanonen, die gegen Paris gerichtet waren.

Jedoch schon ein Jahr später urteilte der Sozialdemokrat Wilhelm Liebknecht über das neue deutsche Kaiserreich:

Ein Staat wie das Bismarcksche Preußen-Deutschland ist durch seinen Ursprung mit fatalistischer Notwendigkeit dem gewaltsamen Untergang geweiht... Auf dem Schlachtfeld geboren, das Kind des Staatsstreiches, des Krieges und der Revolution von oben, muss es ruhelos von Staatsstreich zu Staatsstreich, von Krieg zu Krieg eilen und entweder auf dem Schlachtfeld zerbröckeln oder der Revolution von unten erliegen. Das ist Naturgesetz.

Die Bismarcksche Stabilitätspolitik brachte dennoch 43 Jahre Frieden. Erst nach Bismarcks Entlassung 1890 und mit Beginn des Ersten Weltkriegs 1914 bekam Wilhelm Liebknecht recht.

Arbeitsaufgabe:
Halte mithilfe von Stichwortkärtchen ein Kurzreferat zum Thema „Die Kaiserproklamation im Spiegelsaal von Versailles am 18. Januar 1871".

❶ Spiegelsaal von Versailles am 18. Januar 1871

❷ Ludwig II. von Bayern ruft Wilhelm I. zum Kaiser aus

❸ Annahme der Kaiserkrone durch Wilhelm I.

❹ Bismarck als „Baumeister" des Deutschen Reiches

Hubert Albus: Von der industriellen Revolution bis zum Imperialismus
Best.-Nr. 780 © Brigg Pädagogik Verlag GmbH, Augsburg

Kaiserproklamation am 18. Januar 1871 im Spiegelsaal von Versailles
Gemälde von Anton von Werner 1871 (dritte Fassung)

Best.-Nr. 780 © Brigg Pädagogik Verlag GmbH, Augsburg

Bismarcks Außenpolitik ab 1871

Die europäischen Großmächte, besonders das gedemütigte Frankreich, fürchteten nach der Proklamation in Versailles die Macht des Deutschen Reiches. Reichskanzler Otto von Bismarck erklärte, dass sein wichtigstes außenpolitisches Ziel die Sicherung des Friedens in Europa wäre. Deutschland hätte keine weiteren Gebietswünsche. Vorrangig wollte Bismarck das Deutsche Reich vor den Anfeindungen und Bedrohungen Frankreichs schützen.

Am 6. Mai 1873 schloss das Deutsche Reich mit Russland zur Sicherung des gegenwärtigen Friedens die **Deutsch-Russische Militärkonvention**. Man versprach sich gegenseitige Hilfe bei einem feindlichen Angriff. Am 22. Oktober 1873 kam es zu dem **Dreikaiserabkommen** zwischen dem Deutschen Reich (Kaiser Wilhelm I.), Österreich-Ungarn (Kaiser Franz-Josef) und Russland (Zar Alexander II.), mit dem man sich bei Problemen Verständigung untereinander zusagte. Aufstände und Unruhen auf dem Balkan mündeten in einen türkisch-russischen Krieg. Die Furcht vor einem gebietsmäßigen zu starken Russland führte jedoch zur Gefahr eines europäischen Krieges. Um das Deutsche Reich gegen Russland zu sichern, schloss Bismarck am 7. Oktober 1879 einen geheimen **Zweibund mit Österreich-Ungarn**. Dieser beinhaltete gegenseitige Hilfe bei einem Angriff Russlands und Neutralität bei einem Angriff seitens eines dritten Staates. Von diesem Bund erhoffte sich Bismarck eine Milderung der deutsch-russischen Spannungen. Doch blieb das Verhältnis des Deutschen Reichs zu Russland stets belastet von den russisch-österreichischen Interessengegensätzen auf dem Balkan.

Bald nach dem Tode Alexanders II. war es jedoch möglich, am 18. Juni 1881 ein **Dreikaiserbündnis zwischen dem Deutschen Reich, Österreich-Ungarn und Russland** zu schließen. Falls eine vierte Macht einen Partner angreifen würde, verpflichteten sich die beiden anderen Partner, Neutralität zu wahren. Damit hatte Bismarck die deutsche Grenze nach Osten gesichert.

Doch als es 1885 wiederum zu Konflikten auf dem Balkan kam, wurde dieser Vertrag nicht eingehalten. Um die deutschen Interessen zu sichern, schloss Bismarck am 18. Juni 1887 einen **Rückversicherungsvertrag mit Russland**, der auf drei Jahre befristet war und ein geheimes Neutralitätsabkommen zum Inhalt hatte. Die Pflicht zur Neutralität entfiel jedoch für das Deutsche Reich im Falle eines russischen Angriffs auf Österreich-Ungarn und für Russland im Falle eines deutschen Angriffs auf Frankreich. Der Rückversicherungsvertrag sollte die Vertragspartner davon abhalten, mit den Konfliktgegnern eine kriegerische Auseinandersetzung zu beginnen.

Eine neuerliche Belastung für den europäischen Frieden bestand jedoch in einer sich abzeichnenden Annäherung Russlands an Frankreich. Letzteres, das den Gedanken an die Revanche für die Niederlage 1870/71 immer noch hegte, begann nun gezielt aufzurüsten. Doch Bismarck sprach sich in Opposition zu dem Rat der Militärs gegen jeden Präventivschlag aus und vermied bei jeder Gelegenheit die Gefahr einer kriegerischen Auseinandersetzung mit Frankreich.

Bismarcks geschickte Diplomatie war möglich vor dem Hintergrund einer Bündnislage, die am 20. Mai 1882 durch den **Beitritt Italiens den Zweibund zum Dreibund** erweiterte. Dieser hatte ein kompliziertes Beistands- und Verteidigungsbündnis zum Inhalt.

Um diesen Dreibund herum wurden viele Zusatzabkommen mit anderen Staaten getroffen, deren wichtigstes und stabilstes das mit Rumänien im Jahre 1884 war. So war das Deutsche Reich vertraglich nach den Ost- und Westgrenzen hin abgesichert. Italien hatte von seinem Beitritt den Nutzen der Abgrenzung gegenüber Frankreich im Mittelmeerraum.

Eine weitere diplomatische Leistung Bismarcks war die Vermittlung des **Mittelmeerabkommens** am 12. Februar 1887 zwischen **Österreich-Ungarn, Italien und Großbritannien**. Es sollte sowohl ein Vordringen Russlands in den Mittelmeerraum verhindern als auch Frankreichs Bewegungsfähigkeit in diesem Gebiet einschränken. Am 12./16. Dezember 1887 wurde der **Orientdreibund zwischen Großbritannien, Österreich-Ungarn und Italien** geschlossen.

Eine völlig neue Situation entstand durch den Wechsel in der Person des Kaisers. Am 18. März 1890 wurde Bismarck von Wilhelm II. aufgrund gegensätzlicher Auffassungen entlassen. Dieser Schritt fügte dem komplizierten Gefüge von Verträgen zur Sicherung des Deutschen Reiches und der friedlichen Koexistenz der europäischen Großmächte schweren Schaden zu. Bismarcks Nachfolger verfügten nicht über seine diplomatische Fähigkeiten.

Hubert Albus: Von der industriellen Revolution bis zum Imperialismus
Best.-Nr. 780 © Brigg Pädagogik Verlag GmbH, Augsburg

Reichskanzler Fürst Otto von Bismarck

Best.-Nr. 780 © Brigg Pädagogik Verlag GmbH, Augsburg

Kaiser Wilhelm I.
Stich nach einer Fotografie von Loescher & Petsch, Berlin

GE Name: ______________________ Datum: ______________

Die Reichsgründung 1871

Der Krieg mit Frankreich

❶ Wie endete der Deutsch-Französische Krieg 1870/71?

____

____

____

____

____

❷ Was geschah am 18. Januar 1871 im Spiegelsaal von Versailles?

____

____

____

____

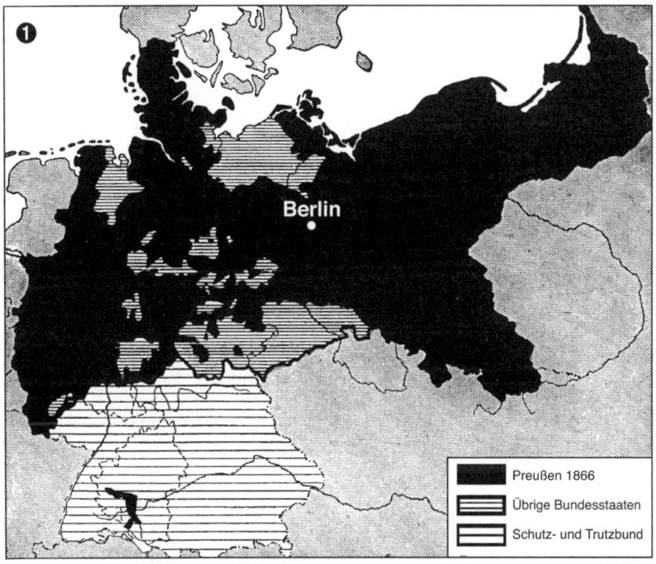

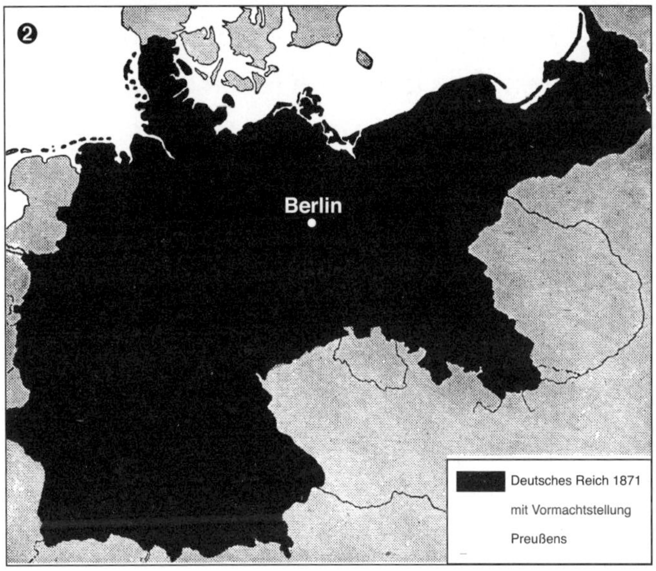

❸ Setze die fehlenden Wörter in den Text unten ein.

Das Königreich ______________ verlor damit seine staatliche Souveränität an das neue Deutsche Kaiserreich, die ehemalige Führungsmacht des ________deutschen Bundes ging also im Reich auf. Der König von Preußen war auch Deutscher ______________, der preußische Ministerpräsident fast immer zugleich ________________. Die __________deutsche Lösung ohne Österreich wurde endgültig beschlossen. Das Deutsche Reich übernahm die ________________ des Norddeutschen Bundes. Das zweite Deutsche Kaiserreich bestand von 1871 bis _______.

❹ Beschreibe kurz die Veränderungen auf der zweiten Karte im Vergleich zur ersten Karte.

____

____

____

____

Best.-Nr. 780 © Brigg Pädagogik Verlag GmbH, Augsburg

GE | Lösung

Die Reichsgründung 1871

Der Krieg mit Frankreich

❶ Wie endete der Deutsch-Französische Krieg 1870/71?

Frankreich mit Kaiser Napoleon III. verlor gegen das Deutsche Reich (Nord- und Süddeutscher Bund) unter Führung Preußens den Krieg, musste Elsass-Lothringen an das Deutsche Reich abtreten und fünf Milliarden Kriegsentschädigung bezahlen. Preußen festigte seine Großmachtstellung in Europa. Die Rivalität mit Frankreich verschärfte sich noch mehr.

❷ Was geschah am 18. Januar 1871 im Spiegelsaal von Versailles?

Die Gründung des Deutschen Reiches erfolgte durch die Fürsten unter Führung Preußens. Der preußische König Wilhelm I. wurde zum Deutschen Kaiser proklamiert.

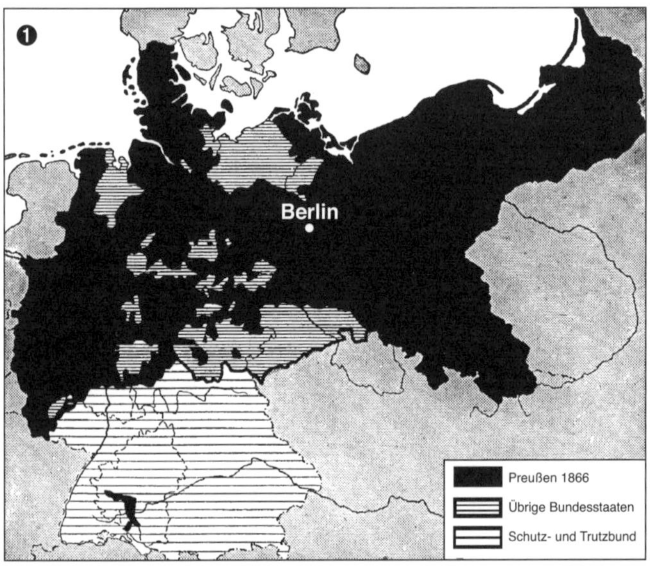

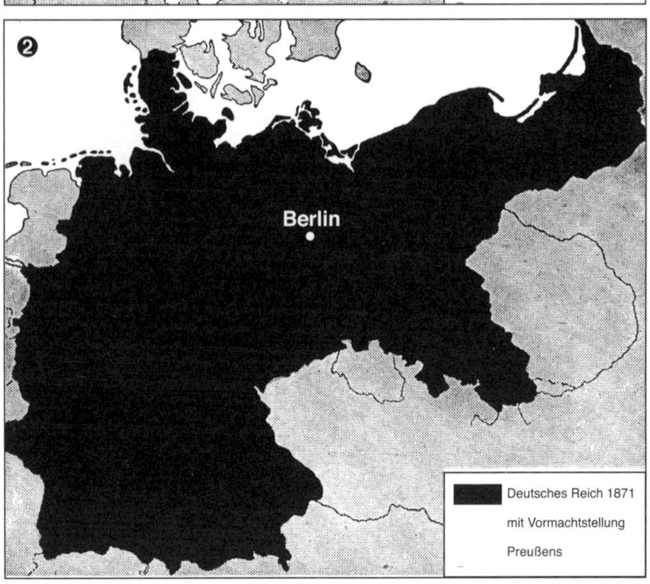

❸ Setze die fehlenden Wörter in den Text unten ein.

Das Königreich *Preußen* verlor damit seine staatliche Souveränität an das neue Deutsche Kaiserreich, die ehemalige Führungsmacht des *Nord*deutschen Bundes ging also im Reich auf. Der König von Preußen war auch Deutscher *Kaiser*, der preußische Ministerpräsident fast immer zugleich *Reichskanzler*. Die *klein*deutsche Lösung ohne Österreich wurde endgültig beschlossen. Das Deutsche Reich übernahm die *Verfassung* des Norddeutschen Bundes. Das zweite Deutsche Kaiserreich bestand von 1871 bis *1918*.

❹ Beschreibe kurz die Veränderungen auf der zweiten Karte im Vergleich zur ersten Karte.

Der Nord- und Süddeutsche Bund (Bayern, Baden, Württemberg) sowie Elsass-Lothringen gingen im Deutschen Reich auf.

Hubert Albus: Von der industriellen Revolution bis zum Imperialismus
Best.-Nr. 780 © Brigg Pädagogik Verlag GmbH, Augsburg

GE | Name: ______________________ | Datum: ______________

Bismarcks Außenpolitik ab 1871

❶ Welche Ziele verfolgte Bismarcks Außenpolitik?

① ____

② ____

③ ____

❷ Mit welchen Mitteln versuchte Bismarck ab 1871, seine Ziele zu erreichen?

____

____

____

❸ Trage in die Karte unten die Städte und ihre dazugehörigen Länder (Abkürzung) ein?

❹ Trage folgende Bündnisse in die Karte ein. Zwischen welchen Staaten wurden sie geschlossen?

① Dreikaiserbund 1873/1881:

____

② Zweibund 1879:

____

③ Dreibund 1882:

____

④ Mittelmeerabkommen 1887:

____

⑤ Rückversicherungsvertrag 1887:

____

⑥ Orientdreibund 1887:

____

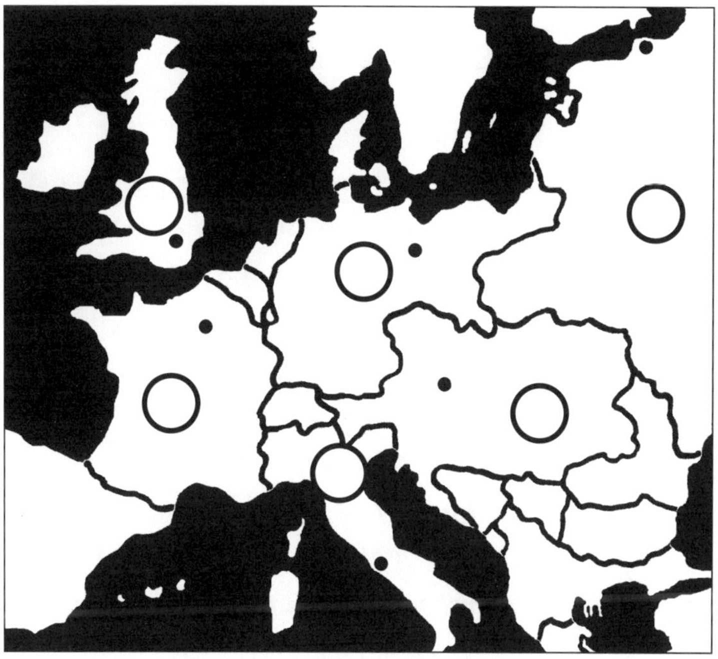

❺ Die Karikatur „Der Lotse geht von Bord“ ist 1890 in der englischen Zeitschrift „Punch“ erschienen. Was bedeutet sie?

____

____

____

____

____

❻ Was waren die Gründe für Bismarcks Entlassung?

____

____

____

____

Best.-Nr. 780 © Brigg Pädagogik Verlag GmbH, Augsburg

GE | Lösung

Bismarcks Außenpolitik ab 1871

❶ Welche Ziele verfolgte Bismarcks Außenpolitik?

① *Bismarck wollte die Großmachtstellung des Deutschen Reiches sichern.*

② *Er verfolgte durch seine Bündnispolitik die Aufrechterhaltung des Friedens in Europa.*

③ *Zugleich strebte er durch seine Außenpolitik die Isolierung Frankreichs an.*

❷ Mit welchen Mitteln versuchte Bismarck ab 1871, seine Ziele zu erreichen?

Durch geschickte Diplomatie schuf Bismarck ein ausgeklügeltes Bündnissystem, das Interessenkonflikte auf ein Minimum reduzierte und für ein Gleichgewicht der europäischen Großmächte sorgte. Zugleich betrieb er eine umsichtige Kolonialpolitik.

❸ Trage in die Karte unten die Städte und ihre dazugehörigen Länder (Abkürzung) ein?

❹ Trage folgende Bündnisse in die Karte ein. Zwischen welchen Staaten wurden sie geschlossen?

① Dreikaiserbund 1873/1881:

Deutsches Reich – Österreich-Ungarn – Russland

② Zweibund 1879:

Deutsches Reich – Österreich-Ungarn

③ Dreibund 1882:

Deutsches Reich – Österreich-Ungarn – Italien

④ Mittelmeerabkommen 1887:

Großbritannien – Italien

⑤ Rückversicherungsvertrag 1887:

Deutsches Reich – Russland

⑥ Orientdreibund 1887:

Großbritannien – Italien – Österreich-Ungarn

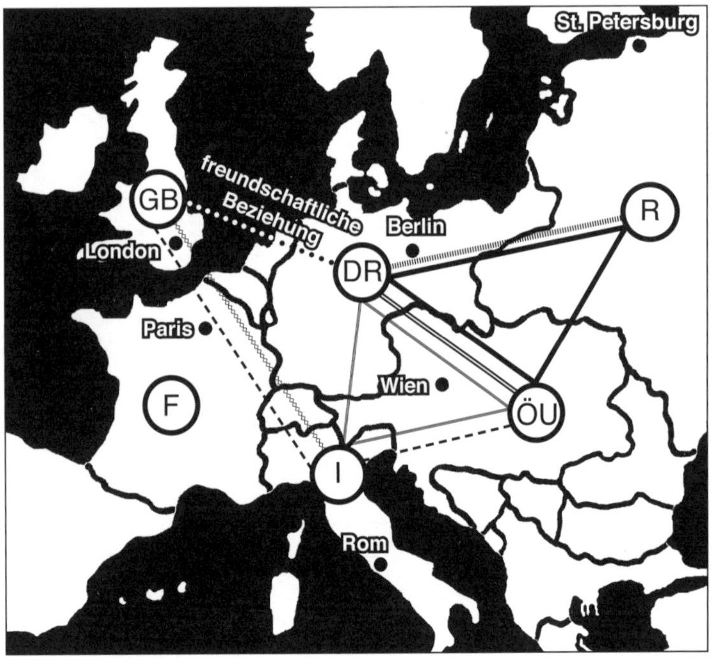

❺ Die Karikatur „Der Lotse geht von Bord“ erschien 1890 in der englischen Zeitschrift „Punch“. Was bedeutet sie?

Bismarck wurde 1890 von Kaiser Wilhelm II. entlassen, der dessen Bündnispolitik verwarf und durch sein überhebliches, aggressives Gehabe sich in Europa isolierte.

❻ Was waren die Gründe für Bismarcks Entlassung?

Unvereinbarkeit der Ziele Bismarcks (Stabilität des Friedens) und Kaiser Wilhelm II. (Flottenpolitik, Aufrüstung, Streben nach Kolonien)

Hubert Albus: Von der industriellen Revolution bis zum Imperialismus
Best.-Nr. 780 © Brigg Pädagogik Verlag GmbH, Augsburg

Bismarcks Innenpolitik

Lerninhalte:

- Wissen um die Begriffe „Kulturkampf" und „Sozialistengesetze" und deren Ursachen
- Kenntnis der politischen Auswirkungen der Sozialistengesetze
- Erkennen der Leistungen Bismarcks in Bezug auf die Sozialversicherungen und die wirtschaftlichen Neuerungen
- Beurteilen der Person Bismarcks auch mithilfe von Karikaturen

Arbeitsmittel/Medien:

- Arbeitsblatt 1: Bismarcks Innenpolitik
- Infoblatt 1: Preußens Kulturkampf 1871
- Infoblatt 2: Attentate auf Wilhelm I. und Otto von Bismarck
- Infoblatt 3: Die Sozialistengesetze 1878
- Folie 1: Karikaturen über Bismarck
- Folie 2: Lösung zum Arbeitsblatt
- Bild 1 für die Tafel: Attentat Eduard Kullmanns auf Bismarck in Bad Kissingen 1874
- Bild 2 für die Tafel: Attentat Max Hödels auf Kaiser Wilhelm I. in Berlin 1878
- DVD 4662278: Einheit ohne Freiheit? 1871–1890. Der Staat und die Sozialdemokraten (2009; 17 min; farbig)
- Video 4210437: Das deutsche Kaiserreich – Staat und Gesellschaft (1999; 15 min; sw+farbig)
- DVD 4659499: Bismarck und das Deutsche Reich (2009; 43 min; farbig)

Tafelbild

Bismarcks Innenpolitik

Attentate auf Kaiser Wilhelm I. und Reichskanzler Otto von Bismarck

Kampf gegen die Kirche

Kampf gegen katholisches Zentrum („Kulturkampf")
→ „Kanzlerparagraf"
→ Zivilehe (Standesamt)
→ Schulaufsicht durch Staat

Kampf gegen den Liberalismus

Kampf gegen die SPD
→ Sozialistengesetze

Kampf gegen soziale Missstände

Milderung sozialer Konflikte durch Versicherungen
→ Krankenversicherung (1883)
→ Unfallversicherung (1884)
→ Alters- und Invalidenversicherung (1889)

Kampf gegen die Wirtschaftskrise

→ Schutzzölle gegen ausländische Billigprodukte
→ Vereinheitlichung von Gewichten, Maßen, Geld
→ Einführung Bürgerliches Gesetzbuch (BGB)

Verlaufsskizze (3–4 UE)

I. Motivation

Stummer Impuls	Tafel Bild 1 (S. 98) Tafel Bild 2 (S. 99)	Attentat Eduard Kullmanns auf Bismarck in Bad Kissingen 1874 Attentat Max Hödels auf Kaiser Wilhelm I. in Berlin 1878
Aussprache Überleitung		L: Während Bismarck außenpolitisch sehr erfolgreich war, hatte er innenpolitisch eine Menge Probleme zu bewältigen.
Vermutungen Zielangabe	Tafel	**Bismarcks Innenpolitik**

II. Begegnung/Erarbeitung

Impuls Aussprache Zusammenfassung		Was umfasst „Innenpolitik"? Als Innenpolitik werden Beschlüsse, Gesetze, Programme eines Staates bezeichnet, die von einer Regierung für die landesinternen Angelegenheiten gelten. Teilbereiche: Bildungspolitik, Energiepolitik, Gesundheitspolitik, innere Sicherheit, Steuerpolitik, Sozialpolitik, Rechte und Pflichten des einzelnen Bürgers.
	Gruppenarbeit Infoblatt 1 (S. 97) Infoblatt 2 (S. 100) Infoblatt 3 (S. 101)	Erstellen von Kurzreferaten Preußens Kulturkampf 1871 Attentate auf Wilhelm I. und Otto von Bismarck Die Sozialistengesetze 1878
Kurzreferate Aussprache Zusammenfassung	Tafel (S. 95)	

III. Wertung

Impuls Aussprache Ergebnis mit L.info		L: Beurteile die Person „Bismarck".
Stummer Impuls Aussprache	Folie 1 (S. 102)	Karikaturen über Bismarck
Impuls	DVD	L: Ein Film verdeutlicht die nicht einfache Zeit der Sozialdemokraten. Einheit ohne Freiheit? 1871–1890 – Der Staat und die Sozialdemokraten (17 min)
Aussprache		

IV. Sicherung

Zusammenfassung	Arbeitsblatt (S. 103)	Bismarcks Innenpolitik
Kontrolle	Folie 2 (S. 104)	

V. Ausweitung

Zusammenfassung Aussprache	DVD	Bismarck und das Deutsche Reich (43 min)

Hubert Albus: Von der industriellen Revolution bis zum Imperialismus
Best.-Nr. 780 © Brigg Pädagogik Verlag GmbH, Augsburg

Preußens Kulturkampf 1871

Nur wenige Monate nach der Kaiserkrönung fasste der Reichstag einen folgenschweren Beschluss. Der **„Kanzelparagraf“** verbot es den Geistlichen, in ihren Predigten Stellung gegen die Politik der Regierung zu beziehen. Preußen befand sich mitten im „Kulturkampf“.

Ein Geistlicher, welcher in Ausübung oder in Veranlassung der Ausübung seines Berufes öffentlich vor einer Menschenmenge, oder welcher in einer Kirche oder an einem andern zu religiösen Versammlungen bestimmten Orte vor Mehreren Angelegenheiten des Staates in einer den öffentlichen Frieden gefährdenden Weise zum Gegenstande einer Verkündigung oder Erörterung macht, wird mit Gefängnis oder Festungshaft bis zu zwei Jahren bestraft.

Reichskanzler Otto von Bismarck empfand den politischen Katholizismus als Bedrohung für die preußisch-protestantische Monarchie. Die Verkündung des Infallibilitätsdogmas durch Papst Pius IX., der den Papst in Glaubensfragen für unfehlbar erklärte, wurde auch von den Liberalen als unerhörte Provokation und eine Art Kriegserklärung gegen den modernen Nationalstaat verstanden. Zwischen der katholischen Kirche und den liberal ausgerichteten Regierungen im deutschen Reich kam es zu jahrelangen Auseinandersetzungen.

Sie fanden ihre dramatische Zuspitzung, als Preußen per Gesetz der katholischen und auch protestantischen Kirche das Recht zur Schulaufsicht entzog. Alle Schulen wurden nun einer staatlichen Aufsicht unterstellt. Diese Maßnahme führte zum Bruch Bismarcks mit preußischen konservativen Kräften, die sich der protestantischen Kirche verbunden fühlten.

Die **„Maigesetze“** von 1873, die Kirchen gesetzlich verpflichteten, den Behörden Amtsbesetzungen zu melden, verschärften den Konflikt zwischen den Kirchen und der preußischen Regierung noch weiter. Auf den passiven Widerstand vieler Geistlicher und die Proteste in der katholischen Bevölkerung reagierten die preußischen Behörden mit Amtsenthebungen, Verhaftungen und Ausweisungen. Pfarrer und sogar Bischöfe wurden eingesperrt oder des Landes verwiesen. Der populäre Erzbischof von Gnesen-Posen, Graf Ledochowski, wurde sogar für zwei Jahre in Haft genommen. In vielen Gemeinden konnten bald Geburten, Todesfälle und Heiraten nicht mehr beurkundet werden, weil die Pfarrer verhaftet oder ausgewiesen worden waren. Preußen erließ in dieser angespannten Situation ein Gesetz über die obligatorische Zivilehe, richtete staatliche Standesämter ein und sperrte der katholischen Kirche die staatlichen Zuschüsse. Die Kirche verlor damit wesentliche Aufgaben.

Alle weiteren Interventionen gegen den politischen Katholizismus – von der Schließung der katholischen Abteilung im preußischen Kultusministerium bis hin zum Verbot der geistlichen Orden – stärkten jedoch den Zusammenhalt der katholischen Bevölkerung mit ihren geistlichen und weltlichen Vertretern. Der „Kulturkampf“ führte zu einer eindeutigen Niederlage Bismarcks. Mit „Milderungsgesetzen“ und später folgenden „Friedensgesetzen“ wurde der „Kulturkampf“ ab 1880 zwar auch formell eingestellt, aber Regelungen wie die staatliche Schulaufsicht und die standesamtliche Ehe hatten weiter Bestand. Der „Kanzelparagraph“ wurde erst 1953 vom Deutschen Bundestag aufgehoben.

Arbeitsaufgabe:

Erkläre die Karikatur mit dem Titel „Zwischen Berlin und Rom“.

Kupferstich von 1875 aus dem „Kladderadatsch“.

Wer sind die beiden Personen? Warum spielen sie gerade Schach? Wie steht die Partie?

Best.-Nr. 780 © Brigg Pädagogik Verlag GmbH, Augsburg

Attentat Eduard Kullmanns auf Bismarck in Bad Kissingen 1874
Nach Skizzen von Gustav Sundblad

Attentat Max Hödels auf Kaiser Wilhelm I. in Berlin 1878

Best.-Nr. 780 © Brigg Pädagogik Verlag GmbH, Augsburg

Attentate auf Wilhelm I. und Otto von Bismarck

Vier Attentate auf Wilhelm I.

① Am 14. Juli 1861 verübte der Leipziger Student Oskar Becker in Baden-Baden ein Attentat auf den spazieren gehenden König Wilhelm I. von Preußen. Der König wurde nur leicht am Hals verwundet. Der Täter wurde zu zwanzig Jahren Zuchthaus verurteilt, auf Fürsprache König Wilhelms aber im Oktober 1866 begnadigt.

② Max Hödell, ein Klempnergeselle aus Leipzig und ehemaliges Mitglied der Sozialdemokraten, feuerte am 11. Mai 1878, als Kaiser Wilhelm I. mit seiner Tochter, der Großherzogin von Baden, in einer offenen Kutsche durch die Prachtstraße Berlins „Unter den Linden" fuhr, mit einem Revolver zwei Schüsse auf ihn ab. Die Kugeln verfehlten ihr Ziel. Max Hödel wurde festgenommen und am 16. August 1878 hingerichtet.

③ Noch bevor sich die Aufregung über das zweite Attentat legte, feuerte drei Wochen später, am Sonntag, dem 2. Juni, an fast der gleichen Stelle aus einem Fenster des Hauses „Unter den Linden Nr. 18" Dr. Karl Nobiling, ein junger promovierter Landwirt, zwei Schüsse auf Wilhelm I., als dieser allein in den Tiergarten fuhr. Der 81-jährige Kaiser wurde durch dreißig Schrotkörner in Kopf und Armen schwer verwundet. Sein Leben verdankte er allein seinem dicken Mantel und seiner eisernen Pickelhaube, die zwar von 18 Bleikügelchen durchschlagen wurde, aber keinen nennenswerten Schaden anrichteten. Trotzdem wurden weitere 30 Schrotteile aus dem Körper des Kaisers entfernt. Nobiling versuchte sich vor seiner Festnahme selbst zu töten, was ihm aber nicht sofort gelang. Erst am 10. September 1878 erlag er seinen Kopfverletzungen. Wilhelm I. war so schwer verletzt, dass er am 4. Juni Kronprinz Friedrich III. zum Stellvertreter ernennen musste. Die Empörung über die Attentate nutzte Bismarck, um im Reichstag die Sozialistengesetze durchzusetzen, indem er wider besseres Wissen verbreiten ließ, Nobiling sei Sozialdemokrat gewesen. Heute nimmt man an, dass Nobiling geistesgestört war. Wilhelm I. erholte sich allmählich und kehrte nach längerem Aufenthalt in Baden und Wiesbaden am 5. Dezember nach Berlin zurück, wo er die Regierungsgeschäfte wieder übernahm. Der Schock des Attentats stärkte wider Erwarten die schwächelnde Gesundheit des Kaisers. Wilhelm I. hat Nobiling später als seinen besten Arzt bezeichnet.

④ Bei der Einweihung des Niederwalddenkmals in Rüdesheim am 28. September 1883 bereitete eine antipreußisch gesinnte Anarchistengruppe um August Reinsdorf einen Anschlag mit Dynamit auf Wilhelm I. vor. Wegen des feuchten Wetters versagte aber der Zünder. Reinsdorf wurde zum Tode verurteilt und 1885 hingerichtet.

Zwei Attentate auf Otto von Bismarck

① Am 7. Mai 1866 verübte der Tübinger Student Ferdinand Cohen-Blind, Stiefsohn eines 1848er-Revolutionärs, in Unter den Linden in Berlin ein Pistolen-Attentat auf Bismarck, um gegen dessen antiliberale Politik zu demonstrieren. Bismarck selbst entwaffnete den Attentäter und wurde dabei durch einen Streifschuss verletzt. Ferdinand Cohen-Blind beging noch am Abend auf der Polizeiwache Selbstmord, indem er sich die Pulsadern aufschnitt.

② Während des ersten Kuraufenthalts des Reichskanzlers Fürst Otto von Bismarck in Bad Kissingen verübte der Böttchergeselle Eduard Kullmann (1853–1892) aus Magdeburg am 13. Juli 1874 ein Pistolen-Attentat auf ihn. Bismarck wurde nur leicht am rechten Handgelenk verwundet, Kullmann verhaftet. Der fanatische Katholik wollte mit dem Attentat den Urheber der gegen die Kirche gerichteten Gesetze im sogenannten Kulturkampf beseitigen. Eduard Kullmann war ein Einzeltäter. Die katholische Partei im Reichstag (Zentrum) distanzierte sich nachdrücklich von der Tat. Dennoch stellte Bismarck vor dem Reichstag den Anschlag als eine Verschwörung des politischen Katholizismus dar. Das Attentat trug wesentlich zur Verschärfung des Kulturkampfes in Deutschland bei. Kullmann wurde im Oktober 1874 zu 14 Jahren Zuchthaus verurteilt.

Hubert Albus: Von der industriellen Revolution bis zum Imperialismus
Best.-Nr. 780 © Brigg Pädagogik Verlag GmbH, Augsburg

Die Sozialistengesetze 1878

Der Klempnergeselle Max Hödel schoss in Berlin auf Kaiser Wilhelm I., ohne ihn zu treffen. Der Attentäter war ein psychisch und physisch kranker Mensch, der einmal einem sozialdemokratischen Verein angehört hatte, aber nach kurzer Zeit ausgeschlossen worden war. Nach dem Attentat forderte Otto von Bismarck sofort ein Ausnahmegesetz gegen die Sozialdemokratie. Bereits am 17. Mai wurde dem Bundesrat ein Gesetzentwurf vorgelegt, dem dieser zustimmte. Dieser erste Gesetzentwurf erhielt im Reichstag jedoch keine Mehrheit.

Am 2. Juni 1878 wurde wieder in Berlin auf den Kaiser geschossen. Karl Nobiling verwundete mit einem Schuss Wilhelm I. schwer. Er selbst erlag einige Zeit später den Folgen seines Selbstmordversuches. Später wurde behauptet, Nobiling hätte noch gestanden, sozialistischen Tendenzen zu huldigen und sozialdemokratische Versammlungen besucht zu haben. Nach diesem Attentat begann in ganz Deutschland, besonders in Preußen, eine umfangreiche Verfolgung sozialdemokratischer und gewerkschaftlicher Aktivitäten.

Am 21. Oktober 1878 beschloss der Reichstag mit 221 zu 149 Stimmen das **„Gesetz gegen die gemeingefährlichen Bestrebungen der Sozialdemokratie“**. Es verbot alle sozialdemokratischen, sozialistischen oder kommunistischen Vereine, Versammlungen und Druckschriften

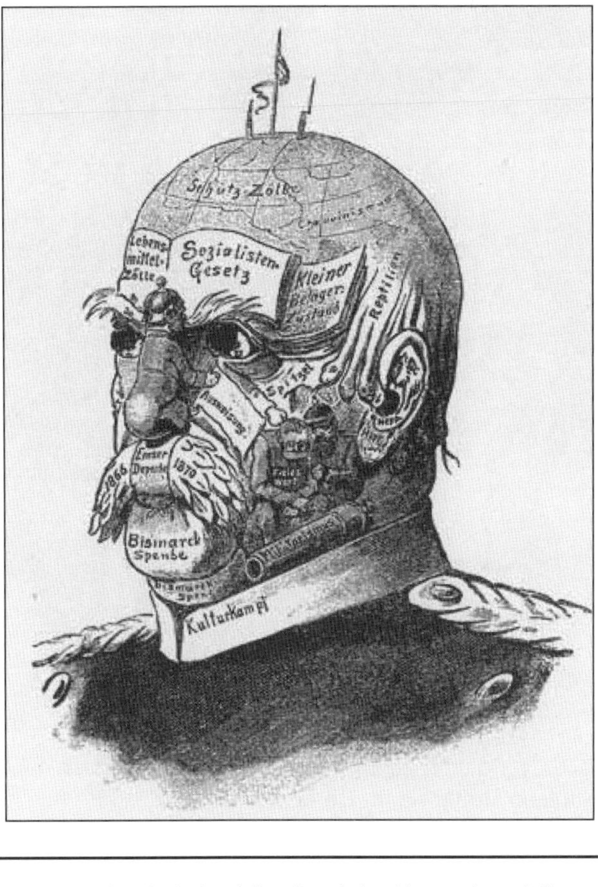

und ermöglichte die Ausweisung und Verhaftung von Führern der neuen Partei.

In Berlin wurden sogleich zahlreiche Verbote erlassen. Am 28. November 1878 wurde zur „Aufrechterhaltung der Ordnung“ in der Hauptstadt der kleine Belagerungszustand ausgerufen. Eine öffentliche Parteiarbeit war nun unmöglich geworden, die sozialdemokratischen Parteiführer und Funktionäre waren polizeilicher Bespitzelung und Verfolgung ausgesetzt. Viele sahen sich gezwungen, in den Untergrund zu gehen oder zu emigrieren. Im Laufe der nächsten zwölf Jahre wurden 892 Sozialdemokraten aus Preußen ausgewiesen.

Den preußischen Behörden erschienen sogar sozialdemokratische Gesangsvereine verdächtig. Als eine der ersten Vereinigungen in der Provinz Brandenburg wurde der Männergesangsverein „Liberté“ in Luckenwalde verboten. Nicht selten erfolgten die Verbote und Ausweisungen aufgrund von Denunziationen aus der Bevölkerung. „Eifrige“ Untertanen meldeten den Behörden sozialdemokratische Umtriebe und verdächtigten politisch aktive Arbeiter und Gewerkschafter umstürzlerischer Bestrebungen. Sozialdemokraten galten als „vaterlandslose Gesellen“, denen nur mit Schlagstock und Zuchthaus beizukommen wäre.

Bismarcks Versuch, mit diesem zunächst zweieinhalb Jahre gültigen, später bis 1890 verlängerten Ausnahmegesetz die noch junge Sozialistische Arbeiterpartei zu zerschlagen, scheiterte. Gerade die massive Verfolgung führte zu Solidarisierungen in der Arbeiterschaft und zu einer verrstärkten Parteiarbeit.

Auch zeigte das Sozialistengesetz von Anfang an kaum Wirkung, da die Abgeordneten der sozialdemokratischen Reichstagsfraktion als Einzelpersonen ihre Mandate behalten und so weiterhin die politischen Interessen ihrer Partei vertreten konnten.

Arbeitsaufgabe:

Welche Begriffe kannst du auf dem Kopf Bismarcks lesen? Kannst du deren Bedeutung erklären?

Recherchiere gegebenenfalls mithilfe eines Lexikons oder des Internets.

„Sammelstelle für Monster“ (Frankreich um 1871)

„Socialist jack in the box“ (Punch 1878)

Prokrustes.

„Wie ich sehe, ist die Freiheit etwas zu groß, – das wollen wir gleich zu ihrer Zufriedenheit abändern!“
Aufschrift auf dem Bett: Socialistengesetz. (Julius Stettenheim. Berliner Wespen)

Hubert Albus: Von der industriellen Revolution bis zum Imperialismus
Best.-Nr. 780 © Brigg Pädagogik Verlag GmbH, Augsburg

GE	Name: ____________________	Datum: __________	

Bismarcks Innenpolitik

Setze die passenden Begriffe in den Text unten ein.

Von 1871 bis zu seiner Entlassung 1890 verfügte Bismarck als Reichskanzler – er blieb auch preußischer Ministerpräsident – über eine nahezu unangreifbare innenpolitische Stellung. Er arbeitete zunächst mit den Nationalliberalen und Konservativen zusammen. Allerdings fand kein vertrauensvoller Zusammenhalt im Reichstag statt. In oppositionellen Kräften sah Bismarck „Reichsfeinde", wodurch der innere Frieden im Deutschen Reich nachhaltig gestört wurde.

Zwischen 1871 und 1887 führte Bismarck in Preußen den ____________________, der den Einfluss des politischen Katholizismus zurückdrängen sollte. Widerstände der katholischen Bevölkerungsteile und der Geistlichkeit, insbesondere im Rheinland und in den ehemals polnischen Gebieten, zwangen Bismarck aber dazu, die Auseinandersetzung ergebnislos zu beenden. Allerdings verblieben die ____________________ und die standesamtliche ____________________ in den Händen des ______________.

Um dem wachsenden Einfluss der Sozialdemokraten entgegenzutreten, nahm Bismarck mehrere erfolglose ______________ auf Kaiser Wilhelm I. und sich selber zum Anlass, um am 21. Oktober 1878 die sogenannten „____________________", durchzusetzen.

Danach blieb die einzige legale politische Betätigung die der sozialdemokratischen Abgeordneten in Reichs- und Landtagen, doch der gesamte Parteiapparat der 1875 gegründeten _______ wurde verboten. Außerhalb der Reichs- und Landtage war für die Sozialdemokraten von nun an jede ____________________, jede politische Betätigung und die Verbreitung von politischen ______________ unter Strafe gestellt, die neben Geld- und Haftstrafen auch die ______________ von unerwünschten Personen vorsah. Rund 1500 Personen wurden zu Gefängnis- und Zuchthausstrafen verurteilt, etwa 900 Personen ausgewiesen und viele zur Auswanderung gezwungen. Bismarck führte eine ____________________ ein und erteilte dem Freihandel eine klare Absage. Wirtschaftliche Neuerungen waren außerdem die Vereinheitlichung der __________ (Reichsmark), der _______- und Gewichtseinheiten (Liter, Meter, Kilogramm), die Einführung der Postkarte und des ____ (BGB).

Weiterhin realisierte Bismarck die __________versicherung (1883), die __________versicherung (1884) und die __________- und ______________versicherung (1889). Trotz dieser Einrichtungen gelang es Bismarck nicht, die Arbeiter von der ________ loszulösen.

GE | Lösung

Bismarcks Innenpolitik

Setze die passenden Begriffe in den Text unten ein.

Von 1871 bis zu seiner Entlassung 1890 verfügte Bismarck als Reichskanzler – er blieb auch preußischer Ministerpräsident – über eine nahezu unangreifbare innenpolitische Stellung. Er arbeitete zunächst mit den Nationalliberalen und Konservativen zusammen. Allerdings fand kein vertrauensvoller Zusammenhalt im Reichstag statt. In oppositionellen Kräften sah Bismarck „Reichsfeinde", wodurch der innere Frieden im Deutschen Reich nachhaltig gestört wurde.

Zwischen 1871 und 1887 führte Bismarck in Preußen den *Kulturkampf*, der den Einfluss des politischen Katholizismus zurückdrängen sollte. Widerstände der katholischen Bevölkerungsteile und der Geistlichkeit, insbesondere im Rheinland und in den ehemals polnischen Gebieten, zwangen Bismarck aber dazu, die Auseinandersetzung ergebnislos zu beenden. Allerdings verblieben die *Schulaufsicht* und die standesamtliche *Eheschließung* in den Händen des *Staates*.

Um dem wachsenden Einfluss der Sozialdemokraten entgegenzutreten, nahm Bismarck mehrere erfolglose *Attentate* auf Kaiser Wilhelm I. und sich selber zum Anlass, um am 21. Oktober 1878 die sogenannten „*Sozialistengesetze*", durchzusetzen.

Danach blieb die einzige legale politische Betätigung die der sozialdemokratischen Abgeordneten in Reichs- und Landtagen, doch der gesamte Parteiapparat der 1875 gegründeten *SPD* wurde verboten. Außerhalb der Reichs- und Landtage war für die Sozialdemokraten von nun an jede *Zusammenkunft*, jede politische Betätigung und die Verbreitung von politischen *Schriften* unter Strafe gestellt, die neben Geld- und Haftstrafen auch die *Ausweisung* von unerwünschten Personen vorsah. Rund 1500 Personen wurden zu Gefängnis- und Zuchthausstrafen verurteilt, etwa 900 Personen ausgewiesen und viele zur Auswanderung gezwungen. Bismarck führte eine *Schutzzollpolitik* ein und erteilte dem Freihandel eine klare Absage. Wirtschaftliche Neuerungen waren außerdem die Vereinheitlichung der *Währung* (Reichsmark), der *Maß*- und Gewichtseinheiten (Liter, Meter, Kilogramm), die Einführung der Postkarte und des *Bürgerlichen Gesetzbuches* (BGB).

Weiterhin realisierte Bismarck die *Kranken*versicherung (1883), die *Unfall*versicherung (1884) und die *Alters*- und *Invaliden*versicherung (1889). Trotz dieser Einrichtungen gelang es Bismarck nicht, die Arbeiter von der *SPD* loszulösen.

Hubert Albus: Von der industriellen Revolution bis zum Imperialismus
Best.-Nr. 780 © Brigg Pädagogik Verlag GmbH, Augsburg

Die Wilhelminische Epoche

Lerninhalte:

- Wissen um die Zeitspanne der Wilhelminischen Epoche
- Versuch einer Charakterisierung von Wilhelm II.
- Wissen um die politischen und gesellschaftlichen Gegensätze dieser Epoche
- Erkennen und Beurteilen des damaligen Zeitgeistes
- Erkennen, dass dieser Zeitgeist mitverantwortlicher Auslöser des Ersten Weltkrieges war

Arbeitsmittel/Medien:

- Arbeitsblatt: Die Wilhelminische Epoche
- Infoblätter 1/2/3/4: War Wilhelm II. Kriegstreiber oder Getriebener?
- Folien 1/2: Bilder aus der „Ilustrirten Zeitung" © Verlag J. J. Weber, Leipzig
- Folien 3/4: Das Deutsche Kaiserreich zwischen Tradition und Fortschritt
- Folie 6: Der Hauptmann von Köpenick
- Folie 5: Lösung zum Arbeitsblatt
- Bild für die Tafel: Wilhelm II.
- Video 4210437: Das deutsche Kaiserreich – Staat und Gesellschaft (1999; 15 min; sw+farbig)
- DVD 4602421: Das Deutsche Kaiserreich – zwischen Tradition und Fortschritt (2007; 14 min; farbig)
- DVD 4658277: Kaiser Wilhelm II. in seiner Zeit (2009; 16 min; farbig)
- DVD Globus-Film: Der Hauptmann von Köpenick mit Heinz Rühmann (1956; 93 min; farbig)

Tafelbild

Die Wilhelminische Epoche 1888 bis 1918

Moderner Staat
Aufschwung, Wirtschaftsboom

- Herausragende Leistungen in Wissenschaft, Medizin, Literatur, Technik (Nobelpreisträger)
- Vorbildliche Sozialgesetzgebung (1883–1890) durch Eingriffe des Staates
- Schaffung von Schutzzöllen (ab 1878), Einschränkung der Freihandelspolitik)
- Abkehr von der Freien Marktwirtschaft (Wirtschaftsliberalismus) und Hinwendung zur Sozialen Marktwirtschaft (Staat ist kein „Nachtwächterstaat")
- Modernes Heer, modernste Rüstung
- Rasanter Ausbau der Infrastruktur (Straßennetz, Eisenbahnlinien, Kommunikation, Abwassersysteme etc.)
- Staat greift in Bildung und Erziehung ein (staatliche Schulaufsicht ab 1872)

Reaktionärer Obrigkeitsstaat
Verunsicherung, Zukunftsängste

- Autoritärer, militaristischer, bürokratischer und monarchischer Obrigkeitsstaat
- „Große Depression" 1873–1895 (Handels-, Industrie- und Agrarkrise)
- „Integrationsideologie" (preußisch-deutscher Nationalismus und Kaiserkult)
- Bau nationalistischer Denkmäler
- „Soziale Militarisierung" (Übernahme militärischen Denkens und Verhaltens in Ämtern, Schulen, Betrieben)
- Bevorzugung des Adels (Einnahme höchster Ämter in Verwaltung, Diplomatie und Armee)
- Soziale Ängste des Bürgertums vor der Arbeiterschaft (Proletariat)
- Krasse Klassenunterschiede (75 % der Bevölkerung leben am Existenzminimum)
- Anfeindung von Randgruppen (Juden, Kommunisten, Sozialisten)

Verlaufsskizze (4–6 UE, je nach Filmeinsatz)

I. Motivation

Stummer Impuls Aussprache Impuls Aussprache Zielangabe	Bild Tafel (S. 110) Tafel	Wilhelm II. L: Die Epoche von 1888 bis 1918 ist nach ihm benannt. **Die Wilhelminische Epoche 1888 bis 1918**

II. Begegnung/Erarbeitung

Impuls Aussprache		1888 war das sogenannte „Dreikaiserjahr".
Impuls Aussprache	Tafel	Wilhelm I. → Friedrich III. → Wilhelm II. L: Wie war das Leben in dieser Epoche?
Stummer Impuls	Folien 1/2 (S. 114/115)	Bilder aus der „Ilustrirten Zeitung"
Aussprache	Video	Das deutsche Kaiserreich – Staat und Gesellschaft (15 min)
Aussprache	DVD	Das Deutsche Kaiserreich – zwischen Tradition und Fortschritt (14 min)
Kurzbericht Zusammenfassung	Folien 3/4 (S. 107/108) Tafelbild (S. 105)	Das Deutsche Kaiserreich – zwischen Tradition und Fortschritt

III. Wertung

Impuls Aussprache		L: Welchen Einfluss nahm Wilhelm II. auf die nach ihm benannte Epoche?
Erlesen	Infoblätter 1/2/3/4 (S. 109/111/112 113)	War Wilhelm Kriegstreiber oder Getriebener?
Aussprache Kurzreferat		Kurze Charakteristik der Person Wilhelms II. Beantwortung der Überschrift des Artikels
Aussprache		

IV. Sicherung

U. U. Hausaufgabe	Arbeitsblatt (S. 117)	Die Wilhelminische Epoche
Kontrolle	Folie 5 (S. 118)	

V. Ausweitung

Zusammenfassung Aussprache	DVD	4658277 Kaiser Wilhelm II. in seiner Zeit DVD (2009; 16 min; farbig)
Exkurs Erlesen mit Aussprache	Folie 6 (S. 116)	Der Hauptmann von Köpenick
Aussprache	DVD	Der Hauptmann von Köpenick (93 min)

Hubert Albus: Von der industriellen Revolution bis zum Imperialismus
Best.-Nr. 780 © Brigg Pädagogik Verlag GmbH, Augsburg

Das Deutsche Kaiserreich zwischen Tradition und Fortschritt

Das Deutsche Kaiserreich war ein Land der Widersprüche: Das Verharren in der Tradition des preußisch-monarchischen Obrigkeitsstaats stand der Aufbruchstimmung und Dynamik einer rasanten technisch-industriellen Entwicklung gegenüber. Diese führte Deutschland innerhalb weniger Jahrzehnte nach den USA und England an die Spitze der europäischen Wirtschaftsmächte. Auf dem Gebiet der Elektrotechnik und der Chemie war Deutschland weltmarktführend.

Ein unerschütterlicher Fortschrittsglaube erfasste die Menschen, doch gab es auch skeptische Stimmen. Bürgertum und Arbeiterschaft waren die Träger des wirtschaftlich-industriellen Aufschwungs, aber von der Teilhabe an der politischen Macht ausgeschlossen.

Frauen erhielten Zugang zu den Universitäten, ihr anerkannter Wirkungsbereich beschränkte sich jedoch weiterhin auf „Küche, Kinder, Kirche“. Der neue Glanz der modernen Städte stand in krassem Gegensatz zu dem Elend der Arbeiterviertel.

Nach der Entlassung Bismarcks strebte das Kaiserreich unter Wilhelm II. nach „Weltgeltung“. Seine sprunghafte Außenpolitik und seine voller Leidenschaft betriebene Aufrüstung der Flotte führten schließlich zum Bündnis von Frankreich, England und Russland. Am Vorabend des Ersten Weltkriegs sah sich das Deutsche Reich von Feinden „eingekreist“.

Der junge, technikbegeisterte Wilhelm II. brachte ungleich mehr Verständnis für die fortschreitende Modernisierung der industriellen Gesellschaft auf als Bismarck. Doch auch dem von ihm eingeschlagenen neuen Kurs lag kein wirklich tragfähiges Konzept zugrunde.

In starkem Kontrast zu seiner Aufgeschlossenheit für die soziale Frage stand ein überkommenes Verständnis seiner persönlichen Herrscherrolle mit einer ausgeprägten Vorliebe für Prunk, Orden, Aufmärsche und militärische Manöver. Die extreme Überbetonung des Militärischen prägte die gesamte Gesellschaft. Das Ausland sah im Deutschen Reich eine bedrohliche Hochburg des Militarismus, während innerhalb der Reichsgrenzen vor allem Preußen mit seinem Dreiklassenwahlrecht als Hort von Reaktion und Militarismus galt. In festem Glauben an die Überlegenheit der deutschen Wehrkraft wollte Wilhelm II. dem Deutschen Reich einen „Platz an der Sonne“ (Aussage von Reichskanzler Bernhard von Bülow) sichern. Doch die Welt war unter den imperialistischen* Staaten schon weitestgehend aufgeteilt. Der unter dem Kaiser erworbene Kolonialbesitz war unbedeutend und stand in keinem Verhältnis zu den politischen Folgekosten der Flottenaufrüstung.

Das Kaiserreich war ein wirtschaftlich prosperierendes Land. Während der von 1890 bis 1914 fast ununterbrochenen Hochkonjunktur überflügelten Industrie und Wirtschaft das bis dahin führende England. Dem starken Wirtschaftswachstum stand ein ebenso rasanter Aufschwung von Wissenschaft und Forschung zur Seite. Vor dem Ersten Weltkrieg ging jeder dritte Nobelpreis für Naturwissenschaften nach Deutschland. Die Fortschritte von Medizin und Hygiene ließen die Säuglingssterblichkeit deutlich sinken.

Mit seinen 67 Millionen Einwohnern stand Deutschland 1914 unter den souveränen Staaten hinsichtlich der Bevölkerungszahl weltweit an vierter Stelle. Fast der gesamte Bevölkerungszuwachs wurde von den Städten in den industriellen Ballungszentren aufgenommen. Hier entstanden vor allem im Dienstleistungsbereich neue Berufsfelder. Neben den Arbeiter trat nun der Angestellte, und immer mehr Frauen wurden erwerbstätig. Der Anschluss an die Wasser- und Stromversorgung veränderte das Alltagsleben der Menschen in bislang unbekanntem Ausmaß. Elektrizität, Telefon und die ersten Automobile gaben der entstehenden Massengesellschaft ihr Gesicht und waren Vorläufer einer neuen Zeit.

Zugleich war Deutschland eines der wichtigsten europäischen Agrarländer. Die rund 24000 Personen starke Gruppe von Aristokratie und grundbesitzendem Landadel bestimmte das politische Geschehen maßgeblich. Mithilfe des 1893 gegründeten Bundes der Landwirte setzte man eine drastische Erhöhung der Schutzzölle für landwirtschaftliche Produkte durch.

Die gesellschaftliche Leitfunktion des Adels blieb vor allem in Preußen unangefochten. Die Erhebung in den Adelsstand galt als Ausdruck gesellschaftlichen Aufstiegs, das Reserveoffizierspatent war Nachweis vaterländischer Gesinnung.

Mit seinem lauten „Hurra-Patriotismus“ machte insbesondere der Alldeutsche Verband von sich reden. Säbelrasselnd forderten die Alldeutschen eine Ausdehnung des Reichs, den Erwerb von Kolonien und die „Germanisierung“ des polnischen Siedlungsgebiets in den preußischen Ostprovinzen.

* Imperialismus: Streben eines Staates nach politischer, wirtschaftlicher und kultureller Kontrolle über andere Länder oder Völker.

Hubert Albus: Von der industriellen Revolution bis zum Imperialismus
Best.-Nr. 780 © Brigg Pädagogik Verlag GmbH, Augsburg

Als reinste Verkörperung preußischer Tradition und Tugenden galt die Armee. In ihr als Offizier zu dienen, wurde als hohe Auszeichnung betrachtet. Die Militarisierung der Gesellschaft und die Identifikation mit dem wilhelminischen Staat reichten über die modischen Matrosenanzüge bis in die Arbeiterschaft, die von den Gewerkschaften immer weiter an den Staat herangeführt wurden.

Aus der gegensätzlichen Klassengesellschaft der frühen Industrialisierung bildete sich eine differenzierte Schichtengesellschaft. Mit der Nichtverlängerung des „Sozialistengesetzes" 1890 sowie durch die Liberalisierung des Vereins- und Versammlungsrechts hatte der Staat seinerseits wesentliche Forderungen der Arbeiterbewegung erfüllt.

Doch die soziale und politische Distanz zwischen Arbeiterschaft, Bürgertum und Adel war kaum zu überbrücken. Die von Liberalen und Sozialdemokraten geforderte Einführung einer parlamentarischen Regierungsform war im Kaiserreich nicht durchsetzbar.

Voller Widersprüche und Spannungen waren auch Kunst und Kultur. Dem Selbstverständnis der wilhelminischen Gesellschaft begegneten satirische Zeitschriften wie der „Simplicissimus" mit beißender Kritik. Der vom Kaiser favorisierten Historienmalerei und Heimatdichtung stand die künstlerische Avantgarde gegenüber. Naturalistische Werke eines Gerhart Hauptmann waren für Wilhelm II. „Rinnsteinliteratur", eroberten aber gleichwohl die deutschen Bühnen und genossen auch international hohes Ansehen. Thomas und Heinrich Mann zählten zu den Literaten, die kritisch auf die alten und neuen Autoritäten blickten und sich deutlich von der vorherrschenden deutschnationalen Literatur unterschieden.

Dem barock-wilhelminischen, auf Repräsentation bedachten Baustil stand der eher nüchterne Jugendstil gegenüber. Lebensreformbewegung und Jugendbünde strebten zu einem neuen Selbstverständnis jenseits aller Konventionen.

Zur Ambivalenz der Modernisierung zählte trotz der rechtlichen Emanzipation der Juden ein latenter, sich gelegentlich deutlich hörbar machender Antisemitismus, der in nahezu allen Schichten, Parteien und Verbänden vorhanden war.

Insgesamt zeigte sich das deutsche Kaiserreich unter Wilhelm II. so widerspruchsvoll wie der Monarch: Deutschland schwankte zwischen den Extremen einer überaus dynamischen Modernisierung und dem strikten Beharren auf längst unzeitgemäßen Traditionen. Vor allem in Preußen, dem mit Abstand wirtschaftlich stärksten und bevölkerungsreichsten Land, prallten industrieller Fortschritt und extrem konservative Agrarstrukturen hart aufeinander.

Arbeitsaufgaben:

❶ Erstelle eine Tabelle mit einer Gegenüberstellung der Widersprüche der Kaiserzeit.

❷ Erkläre die beiden Karikaturen.

Fortschritt im Schulwesen

An preußischen Schulen soll jetzt als neues Unterrichtsfach Staatsbürgerkunde eingeführt werden. Es ist wohl selbstverständlich, dass der Unterricht von Schutzleuten erteilt wird.

Karikatur von Thomas Theodor Heine aus dem „Simplicissimus", 1911

© VG Bild/Kunst, Bonn 2012

„... und dann müsst ihr bedenken, als Zivilisten seid ihr hergekommen, und als Menschen geht ihr hier fort!"

Karikatur von Olaf Gulbransson aus dem „Simplicissimus", 1910

© VG Bild/Kunst, Bonn 2012

War Wilhelm II. Kriegstreiber oder Getriebener?

Vor 150 Jahren kam Wilhelm II. zur Welt: Ein zerrissener, launischer Charakter. Er zog sich bis zu fünfmal am Tag um, und seine Aussagen waren wechselhaft wie die Garderobe. Historiker streiten sich weiterhin: War der Kaiser Militarist, Modernisierer oder gar ein Demokrat?

Es sollte ein Neuanfang für Deutschland sein. Nach dem Tod des greisen Kaisers Wilhelm I. und gleich darauf (nur 99 Tage später) seines krebskranken Sohnes Friedrich III. fielen Wilhelm II., gerade einmal 29 Jahre, am 15. Juni 1888 Amt und Titel des Deutschen Kaisers zu. Nicht nur weil es bei Thronwechseln so üblich war, jubelten die Zeitgenossen.

Wilhelm II. war 30 Jahre lang deutscher Kaiser und König von Preußen. Er bestieg den Thron im Dreikaiserjahr 1888 und musste im November 1918 abdanken.

Die Züge Wilhelms „vereinigen sich zu einem Gesamtbilde von so frischen, hoffnungsreichen Farben, dass unser Volk in der Tat mit dem vollsten Vertrauen zu dem Träger der Krone emporzublicken berechtigt ist", fasste ein Redner die Stimmung in Worte.

26 Friedens- und vier Kriegsjahre später, an deren Ende der Kaiser ins Exil nach Doorn in den Niederlanden entschwunden war, zog Harry Graf Kessler ein gänzlich anderes Fazit: Jede neue Nachricht mache „das Bild dieses Schwächlings, Feiglings, brutalen Strebers und Barnabas, dieses Hohlkopfs und Aufschneiders, der Deutschland ins Unglück gestürzt hat, noch abstoßender. Nicht ein Zug ist an ihm, der Sympathie oder Mitleid erregen könnte." Die diabolische Prophetie Wilhelms von 1927, „Presse, Juden und Mücken" seien „eine Pest, von der sich die Menschheit so oder so befreien muss. Das Beste wäre wohl Gas", dürfte es leicht machen, sich Kesslers Verdikt anzuschließen.

Eine Lichtgestalt?

Dennoch ist ein abschließendes Urteil immer noch nicht gefällt. Drei Historiker haben Wilhelms 150. Geburtstag am 27. Januar zum Anlass genommen, sein Leben niederzuschreiben und zu deuten. Der Brite John C. G. Röhl sieht in ihm den Hauptverantwortlichen dafür, dass Deutschland in die Katastrophe des Ersten Weltkrieges getrieben wurde. Der in Oxford lehrende Australier Christopher Clark hält ihn dagegen für einen Getriebenen, der einfach zu schwach war, gegen die widerstreitenden Interessen und Pläne seiner Umgebung eigene Vorstellungen durchzusetzen. Und für den Berliner Eberhard Straub war der Kaiser gar eine Lichtgestalt, die ihr Land an die Weltspitze von Kultur und Wissenschaft führte.

Wer also war Wilhelm II.? Die Frage überrascht. Denn über die Persönlichkeit Wilhelms herrscht im Grunde Einvernehmen. Auf die Charakterskizze, die der Vorsitzende der Preußischen Historischen Kommission, Frank-Lothar Kroll, formuliert hat, könnten sich wohl auch die ärgsten Kritiker des Kaisers einigen: „Ausgestattet mit rascher Auffassungsgabe und einem überdurchschnittlich guten Gedächtnis, vermochte Wilhelm II. durch Schwung, Elan und Spontaneität im Auftreten für sich einzunehmen. Im persönlichen Umgang bewies er Charme und Liebenswürdigkeit, überzeugte mit seinem Rednertalent und beeindruckte durch Wissensdurst, Begeisterungsfähigkeit und weit gespannte Interessen. Solchen Vorzügen standen indes bedenkliche Defizite gegenüber. Sprunghaftigkeit, Unausgeglichenheit und Konzentrationsschwäche wurden von der engeren Umgebung schon früh als Charaktermängel des Kaisers registriert, und bald gerieten nervöse Betriebsamkeit, übersteigerter Geltungsdrang, Mangel an Takt, Augenmaß und Gelassenheit auch in der breiten Öffentlichkeit zu typischen Merkmalen ‚wilhelminischen' Stils."

„Leichtgradiger Hirnschaden"

Von den zahlreichen Versuchen, die tiefe Zerrissenheit von Wilhelms Charakter zu entschlüsseln, ist die seines Biografen John Röhl sicherlich die weitestgehende und zugleich am besten untermauerte. Danach kam der Sohn des Kronprinzen Friedrich und der englischen Prinzessin Victoria, der die dramatische Steißgeburt nur durch die Aufmerksamkeit einer Hebamme überlebte und dessen linke Hand verkrüppelt blieb, wegen kurzzeitigen Sauerstoffmangels mit einem „leichtgradigen Hirnschaden" zur Welt. Das könne Überempfindlichkeit, Reizbarkeit und Konzentrationsschwäche des Erwachsenen erklären.

Die drakonischen Maßnahmen der Eltern, ihren behinderten Sohn mit blutigen Kaninchenfellen und Kopfstreckmaschinen zu therapieren, der ganze pädagogische Druck, den künftigen Thronerben doch noch zu einem tüchtigen Preußen zu erziehen, liefern genügend Material für psychologische Spekulationen. Andererseits wuchs Wilhelm in einem Elternhaus auf, das unpreußischer war als das aller Hohenzollernherrscher vor ihm. Der Vater pflegte liberale Meinungen. Darin wurde er von seiner Frau nach Kräften unterstützt, die als Tochter Queen Victorias zeit ihres Lebens engen Kontakt nach England hielt.

Um ihren Sohn nicht einfach dem dumpfen Drill preußischer Kadettenanstalten zu überlassen, gaben sie Wilhelm ins Friedrichsgymnasium in

Kaiser Wilhelm II.

Best.-Nr. 780 © Brigg Pädagogik Verlag GmbH, Augsburg

Kassel, die erste öffentliche Schule, die ein preußischer Thronfolger besuchte.
Doch die Wirkung blieb ambivalent. „Er ist mit Anschauungen auf den Thron gekommen, die für unsere preußischen Begriffe neu und nicht durch unser Verfassungsleben geschult sind", schrieb schon Bismarck hasserfüllt nach seiner Entlassung. Den Stil des jungen Monarchen mag er damit kaum gemeint haben. Denn der blieb auf den ersten Blick der Tradition verpflichtet. Mit eiserner Disziplin – er musste auf dem Pferd festgebunden werden – lernte der verkrüppelte Prinz das Reiten, diente mit Eifer in den Potsdamer Garderegimentern. Selbst als Familienvater sollte er den Heiligen Abend im Kreise seiner Offizierskameraden verbringen.
Doch unabhängig davon, dass derartige Angewohnheiten (neben den Liebkosungen seiner Adjutanten) noch heute Stoff für homoerotische Spekulationen bieten, zeigen sie doch auch die Opposition, die Wilhelm gegenüber seinen Eltern und ihren politischen Vorstellungen entwickelte. Da war die Hassliebe, in der er seiner Mutter zugetan war. Und da waren vor allem die Intrigen, in die sich der erwachsene Kronprinz von Wilhelm I. und dessen Kanzler Bismarck gegen seinen siechenden Vater einbinden ließ. Die Möglichkeit dazu bot ihm der frühe eigene Hausstand durch die Ehe mit der Prinzessin Auguste Viktoria von Schleswig-Holstein-Sonderburg-Augustenburg, die ihm zwar sechs Söhne und eine Tochter gebar, aber kaum über die geistigen Fähigkeiten verfügte, um ihrem Mann eine gleichwertige Gesprächspartnerin zu sein.

Kurze Sympathie für arme Arbeiter

Der großen Masse seiner Untertanen trat Wilhelm erst mit seinem Regierungsantritt und dem Zerwürfnis mit Bismarck ins Blickfeld. Der Eiserne verlangte ein hartes Vorgehen gegen Streikende im Ruhrgebiet, Wilhelm indes war gerade in einer Phase, in der er sich für die Belange der Armen interessierte. „Weil die Arbeiter meine Untertanen sind, für die ich zu sorgen habe! Und wenn die Millionäre nicht nachgeben, werde ich meine Truppen zurückziehen, und wenn ihre Villen erst in Flammen stehen, werden sie schon klein beigeben", soll er den Fürsten abgefertigt und seine Demission verlangt haben. Doch die kaiserlichen Sympathien für die Arbeiter verflogen, bald hieß es: „Für mich ist jeder Sozialdemokrat gleichbedeutend mit Reichs- und Vaterlandsfeind."
So begann es also, Wilhelms „persönliches Regiment". Tatsächlich stellte die Verfassung des 1871 begründeten Nationalstaats den Kaiser in den Mittelpunkt. Er ernannte den Reichskanzler sowie die hohen Beamten des Reiches und Preußens. Als Oberbefehlshaber von Heer und Marine berief er auch die militärische Führung. Von seiner Unterschrift waren Gesetze abhängig. Ein ganzer Kranz von Kabinetten und Stäben unterstützte ihn dabei. Als Kaiser vertrat er Deutschland in einer Epoche, in der eine Nation noch in ganz inniger Weise mit ihrem Monarchen identifiziert wurde, ganz wesentlich nach außen. Und als König von Preußen kontrollierte er zudem den größten Bundesstaat, der zwei Drittel der Fläche und Einwohner des Reiches umfasste. Dennoch war der Kaiser nicht allein auf dieser Welt, teilte er sich doch die Macht mit Bundesrat und Reichstag. Der Bundesrat war die Versammlung der 22 deutschen Fürsten (nebst einiger Hansestädte), die das Reich als Fürstenbund recht eigentlich begründeten. Als demokratischer Gegenpol fungierte der Reichstag, der nach dem allgemeinen und gleichen Wahlrecht von der erwachsenen männlichen Bevölkerung gewählt wurde und in dem sich der Kanzler seine Mehrheiten zu suchen hatte.
Ein Genie wie Bismarck war in der Lage, dieses komplizierte Geflecht unterschiedlicher Interessen vor dem Hintergrund wachsender sozialer und politischer Spannungen zu kontrollieren. Doch nach 1890 zeigte sich bald, dass Wilhelm keineswegs der „deutsche Cäsar" war, um der „verspäteten Nation" einen „Platz an der Sonne" zu sichern. Dazu war er viel zu sprunghaft, unkonzentriert, unbedarft. „Wilhelm der Plötzliche" spotteten die Zeitgenossen. Er verwandte seine Energie lieber darauf, bis zu fünfmal am Tag seine Garderobe von Grund auf zu wechseln.

Der Fluch des Wilhelminismus

Aus Wilhelms offensichtlicher Unfähigkeit, seine Rolle im Mächtespiel des Kaiserreichs zu spielen, hat der Bielefelder Historiker Hans-Ulrich Wehler eines der wirkungsmächtigsten Bilder des Kaisers destilliert. Danach war der „Wilhelminismus" nichts anderes als eine „Verschleierung", eine „Ablenkung" vom „Zusammenspiel machtbewusster herrschender Klassen und Einfluss gewohnter Bürokratien, quasi autonomer Institutionen und formell unverantwortlicher Politiker". Mit Wilhelm als Galionsfigur gelang es Adel und Bourgeoisie, sich die Herrschaft in einem sich galoppierend entwickelnden Industriestaat zu sichern, ohne demokratische Zugeständnisse machen zu müssen.
Das Plädoyer für die Gegenposition hat John Röhl mit seiner mehr als 4000 Seiten starken Biografie soeben abgeschlossen: Wilhelm glaubte nicht nur, ein persönliches Regiment zu führen.
Er tat es auch. Danach füllte Wilhelm zumindest bis 1914 die Rolle im deutschen Machtzentrum aus, die sein Großvater Wilhelm I. von Bismarck hatte verwalten lassen. Damit aber ist Wilhelm

für die wichtigsten Fehler verantwortlich zu machen, die dem Kaiserreich vorgeworfen wurden und werden. Die Liste ist lang. Sie reicht von Bismarcks Entlassung über den desaströsen außenpolitischen Zickzackkurs (Nichtverlängerung des geheimen Rückversicherungsvertrages mit Russland 1890, die Krüger-Depesche 1896 an die Buren, die „Hunnen-Rede" an das Expeditionskorps für den Boxer-Aufstand, die Marokko-Politik und die „Daily Telegraph"-Affäre) bis hin zum Schlachtflottenbau und dem Blankoscheck an Österreich-Ungarn in der Julikrise 1914 und damit der Entfesselung des Ersten Weltkrieges. Wilhelm wird damit zur „Nemesis der Weltgeschichte".

Doch greift diese Deutung nicht zu kurz? Im Jahr 1900 hatte Wilhelm seinen sich gegen den Boxer-Aufstand einschiffenden Truppen zugerufen: „Pardon wird nicht gegeben! Gefangene werden nicht gemacht! Wer euch in die Hände fällt, sei euch verfallen! Wie vor tausend Jahren die Hunnen unter ihrem König Etzel sich einen Namen gemacht ... so möge der Name Deutscher in China auf tausend Jahre durch euch in einer Weise bestätigt werden, dass niemals wieder ein Chinese es wagt, einen Deutschen auch nur scheel anzusehen." Der Sturm der Empörung, der daraufhin losbrach, zeigt doch, dass Deutschland eben nicht der Hunnenstaat war, den Wilhelm beschwor, sondern ein Land, das auch in Wissenschaft, Technik und Kultur Weltgeltung besaß. Und Wilhelm hatte seinen Anteil daran. Der Kaiser, der mehr Zeit auf Reisen als in Berlin oder Potsdam verbracht hat, gehörte zu den Bahnbrechern der Kaiser-Wilhelm-Gesellschaft, der heutigen Max-Planck-Gesellschaft. Er förderte archäologische Grabungen und machte sich zum Fürsprecher einer praxisnahen Schul- und Universitätsausbildung. Wilhelm war polyglott, vielfach interessiert, ein guter Zeichner. Doch alle guten Anlagen hinderten Wilhelm nicht, die moderne Malerei zu verachten und seinen ästhetischen Geschmack vom Berliner Akademie-Präsidenten Anton von Werner verwirklicht zu sehen, dessen Schwülstigkeit auch dem realen Leben des Kaiserreichs seinen Stempel aufdrückte.

Der passende Kaiser zum Volk

Wäre er nicht Kaiser gewesen, hätte er ein Homme de Lettres werden können. Vielleicht. Hinter so viel verständnisvollem Urteil, das noch einmal von Eberhard Straub vertreten wurde, verbirgt sich allerdings auch eine schwärmerische Faszination für das Fin de Siècle, seinen intellektuellen Snobismus und nicht zuletzt die Décadence. Wie auch immer. Seinen Untertanen war ihr Kaiser der rechte. „Dies Volk in dieser Zeit, bewusst und unbewusst, hat ihn so gewollt und nicht anders gewollt", resümierte Walter Rathenau. „Niemals zuvor hat so vollkommen ein sinnbildlicher Mensch sich in der Epoche, eine Epoche sich im Menschen gespiegelt."

Vielleicht erleichtert es eine Anekdote, das wahre Bild Wilhelms nachzuzeichnen. Als der Nord-Ostsee-Kanal 1895 unter seinem Namen eingeweiht werden sollte, wünschte der Kaiser, ein Schiff höchstselbst durch das Bauwerk zu steuern. Also baute man ein zweites Steuerrad derart in dem Schiff ein, dass ein Fachmann die wirkliche Arbeit tat, während Wilhelm nur glaubte, sie zu tun.

Die Geschichte trifft es ziemlich genau: Der Wunsch des Kaisers war Befehl. Man kam ihm äußerlich nach, handelte aber tatsächlich am hohen Herrn vorbei.

Ohnmächtiger Steuermann

Als ohnmächtigen Steuermann, hin und her getrieben von übermächtigen Bürokratien, sieht ihn denn auch Christopher Clark. Der Historiker legt die engen Grenzen Wilhelms bloß, die durch seinen Charakter und seine Persönlichkeit vorgegeben waren. Nicht im Frieden und schon gar nicht im Krieg konnte Wilhelm die Funktion ausfüllen, die dem Kaiser von der Verfassung zugewiesen wurde: zwischen den unterschiedlichen Behörden, Instanzen und Zuständigkeiten zu vermitteln und für eine effiziente Zusammenarbeit zu sorgen.

Gerade die oft gerühmte Medienarbeit des Kaisers dient als Exempel für dessen Beschränktheit. Anders als seine Vorgänger hat Wilhelm Hunderte von Reden gehalten, die er, trotz aller Bemühungen seiner Redenschreiber, häufig frei sprach. Impulsiv, wie er war, ließ er sich von der Stimmung des Augenblicks treiben. Ein Satz wie: „Einer nur ist Herr im Reiche, und der bin ich!" mochte von einer Versammlung rheinischer Industrieller vielleicht noch als Spitze gegen Bismarck verstanden werden. Unter den Bedingungen einer sich professionalisierenden, wortstarken Presse dröhnten solche Formulierungen aber bis in den letzten Winkel des Reiches und wurden gänzlich anders aufgenommen, als ursprünglich intendiert war, nämlich als Zurücksetzung der übrigen Fürsten im Reich.

Nicht umsonst entzündete sich die größte Krise von Wilhelms Herrschaft 1908 an dem Interview, das er dem „Daily Telegraph" gegeben hatte. Darin suchte er sich als Freund Englands darzustellen, der seinen britischen Verwandten sogar den Feldzugsplan gegen die Buren gesandt habe.

Jedoch muss man hinzufügen: Ordnungsgemäß

hatte Wilhelm den Text dem Reichskanzler Bernhard von Bülow vorlegen lassen, der die Prüfung allerdings nur von Subalternen vornehmen ließ. Sicherlich greift die Mahnung Winston Churchills zu kurz, stets zu fragen: „Was hätte ich an seiner Stelle getan?“ Wie die Ereignisse vom Sommer 1914 zeigen, hätten auch andere Politiker den Sprung ins Dunkle gewagt. Dennoch reduziert sich die Verantwortung für den Kriegsausbruch und damit für die „Urkatastrophe des Jahrhunderts“ auf drei Männer, einfach deswegen, weil sie allein aufgrund ihrer Stellung die Macht gehabt hätten, den Krieg zu verhindern: Zar Nikolaus II., Kaiser Franz Joseph I. von Österreich-Ungarn und Wilhelm II.

Offiziere hätten auf Wilhelm gehört

Der ehemalige Leiter des Militärgeschichtlichen Forschungsamts der Bundeswehr Wilhelm Deist hat herausgearbeitet, dass jeder deutsche Offizier sich 1914 einem Machtwort Wilhelms gebeugt hätte. Obwohl er mit seinen Reden und diplomatischen Fehltritten immer wieder die Gefahr eines Krieges heraufbeschworen hatte, hat sich Wilhelm doch nie darum gekümmert, welche Vorkehrungen seine Generäle für den Ernstfall getroffen hatten.

Der unheilvolle Schlieffen-Plan, nach dem erst Frankreich niedergeworfen werden sollte, bevor man gegen Russland zog, der die Neutralität Belgiens mit Füßen trat und der unter einem Zeitdiktat stand, das keinerlei Handlungsspielräume zuließ – Wilhelm hätte sich beizeiten in ihn einweihen lassen müssen. Inkompetent, wie er war, fragte er nicht einmal danach, sondern ließ seine Generäle und Beamten gewähren, die da einem teuflischen Automatismus folgten. Noch einmal: Wilhelm war hellsichtig genug, nach der entgegenkommenden serbischen Antwort auf das österreichische Ultimatum am 28. Juli 1914 zu erkennen: „Das ist mehr, als man erwarten konnte! Ein großer moralischer Erfolg für Wien; aber damit fällt jeder Kriegsgrund fort.“

Der Zar, der gerade erst eine Revolution überstanden hatte, oder Franz Joseph, der den Zerfall seines Vielvölkerstaats fürchtete, mögen ihre eigenen Gründe gehabt haben, sich nicht gegen den Krieg zu stellen. Wilhelm wollte ihn wohl nicht. Aber durch seine martialischen Reden hatte er einer aggressiven Stimmung den Boden bereitet, die er nicht abwiegeln konnte.

Den Krieg nicht verhindert zu haben, der sein Land und den Kontinent zerstörte und der zur Ursache eines noch schrecklicheren Weltenbrandes wurde: Diese Verantwortlichkeit kann Wilhelm keiner nehmen. Wenn er aber an diesem zentralen Punkt schwach, haltlos und unfähig war, wie soll er dann maßgeblich die strahlende Rolle gespielt haben, die ihm manche heute andichten: ein demokratischer Monarch und Bahnbrecher der Moderne gewesen zu sein?

Arbeitsaufgaben:

❶ Erstelle in der Gruppe ein Charakterbild des Kaisers Wilhelm II. und trage deine Ergebnisse im Rahmen eines Kurzreferates vor. Welche Eigenschaften hatte Kaiser Wilhelm II.? Gab es Gründe für sein Verhalten? Was erfährst du über seine Familie?

❷ Wer trägt die Schuld am Ausbruch des Ersten Weltkrieges? Beantworte die Überschrift, die der Autor als Frage formuliert hat.

Kaiser Wilhelm II.

Kaiser Franz Joseph I.

Zar Nikolaus II.

Berliner Bilder:
Angler auf dem Eis der Havel
Ilustrirte Zeitung Leipzig
Zeichnung von O. Gerlach

Feierabend in Dortmund
Ilustrirte Zeitung Leipzig

Gordon Bennett Rennen
Ilustrirte Zeitung Leipzig

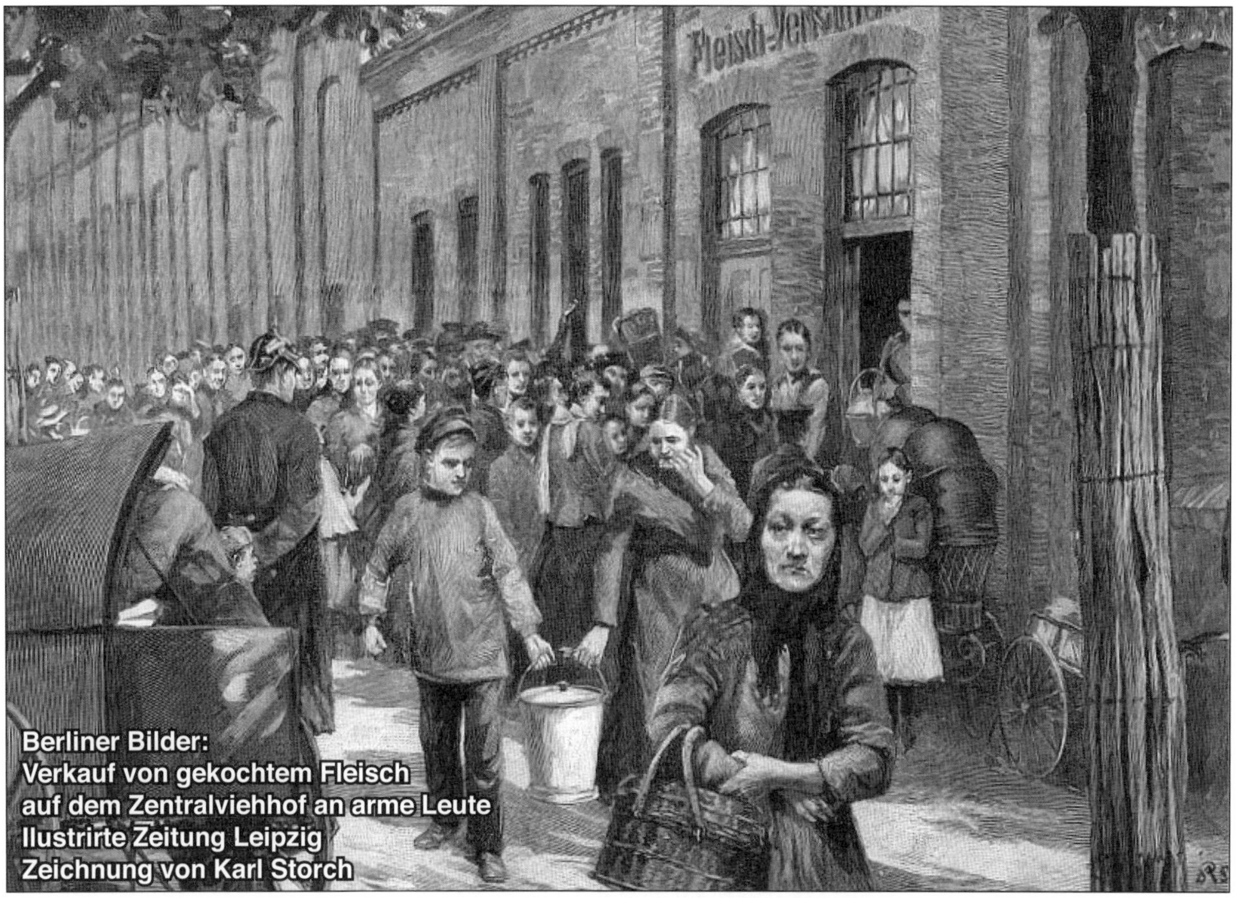

Berliner Bilder:
Verkauf von gekochtem Fleisch
auf dem Zentralviehhof an arme Leute
Ilustrirte Zeitung Leipzig
Zeichnung von Karl Storch

Das Reiterfest des preußischen 1. Garde-Ulanenregiments in
Potsdam. Die Offiziersquadrille
Illustrirte Zeitung Leipzig (16. April 1903)

Carl Zuckmayer
Der Hauptmann von Köpenick

Am 16. Oktober 1906 besetzen ein Hauptmann, zwei Gefreite und zehn Soldaten auf allerhöchsten Befehl des Kaisers das Rathaus in Köpenick und verhaften den Bürgermeister. Der Bürgermeister, ein Reserveoffizier, protestiert und will mit seinem Vorgesetzten, dem zuständigen Landrat, telefonieren. Er fragt nach der Legitimation des Hauptmanns. Der aber verweist lediglich auf seine Uniform und seine Soldaten. Das ist seine Legitimation!
Dann verlangt der Hauptmann die Herausgabe der Stadtkasse. Der Kämmerer übergibt ihm 4000 Mark und 70 Pfennige. Der Hauptmann quittiert ordnungsgemäß, unterschreibt mit „v. Malzahn“ und setzt den Kämmerer ebenfalls fest. Die Verhafteten, dazu gehört noch ein Oberstadtsekretär, werden unter militärischer Bewachung in zwei Droschken zu der Neuen Wache in Berlin abtransportiert. Der Hauptmann befiehlt dem Rest des Kommandos, in ihre Kasernen abzurücken – nicht ohne ihnen Geld für Bier, Essen und die Rückfahrt nach Berlin aus dem Kassenbeutel zu spendieren.
Am Abend des 16. Oktober wird den Kommandostellen klar, dass es sich um einen Schelmenstreich handelt. Zehn Tage später wird der „Hauptmann von Köpenick“ verhaftet. Es ist nicht „Herr von Malzahn“, sondern der Schuster Wilhelm Voigt. Der vorbestrafte Voigt hatte im Gefängnis die preußische Felddienstordnung auswendig gelernt. Er konnte nirgends dauerhafte Arbeit finden und wollte sich daher Papiere für die Reise ins Ausland beschaffen. Aber wie? Er entlieh sich bei einem Trödler eine Hauptmannsuniform und besetzte so – als Offizier verkleidet – mit den Soldaten das Rathaus. Sein Pech war es, dass das Rathaus Köpenick keine Passstelle besaß.

Der Hauptmann von Köpenick

Die Reaktion des Kaisers: Er fand den Hauptmann von Köpenick „zum Piepen“, lobte aber gleichzeitig „die Ehrerbietung der Deutschen gegenüber der Uniform“. Wilhelm Voigt wurde zu vier Jahren Gefängnis verurteilt, aber nach zwei Jahren vom Kaiser begnadigt.
Die Nachricht von seiner Entlassung wurde von der überraschten Öffentlichkeit als großes Ereignis aufgenommen. Voigt begann sein zweites Leben, indem er versuchte, daraus Kapital zu schlagen.
Am 20. August – vier Tage nach seiner Entlassung – trat Voigt im Passagenpanoptikum „Unter den Linden“ auf. Dort signierte er Fotos und hielt Ansprachen an das Publikum. Noch am selben Tag wurden diese Auftritte sowie jedes weitere Auftreten von Voigt in der Öffentlichkeit verboten. Voigt plante Operetten- und Varietéauftritte in Wien und Budapest, die jedoch scheiterten. Er tingelte durch die deutschen Jahrmärkte, Hotels und Lokale und signierte dabei Postkarten, die ihn als „Hauptmann von Köpenick“ zeigten.
Der Versuch, in die USA einzureisen, scheiterte zunächst an den Einwanderungsbehörden. Ende März 1910 gelang es ihm über Kanada in die USA zu kommen. Dort konnte er mit seinem Auftreten große Erfolge feiern. Weitere Reisen führten ihn nach England. In London wurde er sogar im Wachsfigurenkabinett der Madame Tussaut ausgestellt.
Durch seine Auftritte und den Verkauf seiner Memoiren „Wie ich Hauptmann von Köpenick wurde. Mein Lebensbild. Von Wilhelm Voigt, genannt Hauptmann von Köpenick“, die 1909 in einem Leipziger Verlag erschienen, kam Voigt zu Geld. Er kaufte sich in Luxemburg ein Haus und setzte sich zur Ruhe.
Wilhelm Voigt verarmte durch Krieg und Inflation. Am 3. Januar 1922 starb Wilhelm Voigt in Luxemburg. Er wurde auf Kosten der Armenkasse auf dem Friedhof Nôtre Dame begraben.

Arbeitsaufgabe:
Informiere dich über den Inhalt des Romans von **Heinrich Mann „Der Untertan“**. Das Buch wurde 1951 unter der Regie von Wolfgang Staude verfilmt.
In der Hauptrolle des vielfach ausgezeichneten, 109 Minuten langen Films ist Werner Peters als preußischer Untertan Diedrich Hessling zu sehen.

Hubert Albus: Von der industriellen Revolution bis zum Imperialismus
Best.-Nr. 780 © Brigg Pädagogik Verlag GmbH, Augsburg

GE	Name: ____________________	Datum: __________	

Die Wilhelminische Epoche

Politische Situation

Nach der Entlassung Bismarcks 1890 strebte das Kaiserreich unter Wilhelm II. nach „Weltgeltung". Seine sprunghafte Außenpolitik und seine voller Leidenschaft betriebene Aufrüstung der Flotte führten schließlich zum Schulterschluss von Frankreich, England und Russland. Am Vorabend des Ersten Weltkriegs sah sich das Deutsche Reich von Feinden „eingekreist".

❶ Staat und Gesellschaft:

① O______________staat → preußische Autorität mit festen Prinzipien, R___________ und N___________.

② Gesellschaft mit st__________ Konventionen und Vorstellung von W_________

③ Ablehnung von N_______________

④ Patriarchalisches Gesellschaftssystem mit _________ Klassen:

- Oberschicht und Adel: reiche Großindustrielle (w_________________ Macht), Adel ohne P_______________ (p_______________ Macht)
- Mittelschicht: 25 % der Bevölkerung → B__________, H_________________, Kaufleute, Angestellte → Langsame Zunahme an W____________ → Industrialisierung
- Unterschicht (Proletariat): 70 % der Bevölkerung → A_____________, I_____________, A_________ und K_____________ → niedrige L________, hohe M_________ und teure P_________ → hoffnungslose Situation

⑤ Deutschland wurde k_____________ische Großmacht → rasend schnelle Entwicklung der T____________ → soziale Umbrüche und Krisen

⑥ Uneingeschränkter F______________glaube

❷ Familie:

Der Mann war der E_____________ der Familie, der Vormund der Frau und der gesamten Familie. Er trug die Verantwortung für die f______________ und w__________________ Situation der Familie und konnte alle Entscheidungen ohne R_________________ mit seiner Familie treffen. Die Frau war „G_________-maschine" und Hüterin des Hauses. Sie war für die E____________ der Kinder zuständig. Sie hatte keine p_______________ Rechte.

Best.-Nr. 780 © Brigg Pädagogik Verlag GmbH, Augsburg

GE Lösung

Die Wilhelminische Epoche

Politische Situation

Nach der Entlassung Bismarcks 1890 strebte das Kaiserreich unter Wilhelm II. nach „Weltgeltung“. Seine sprunghafte Außenpolitik und seine voller Leidenschaft betriebene Aufrüstung der Flotte führten schließlich zum Schulterschluss von Frankreich, England und Russland. Am Vorabend des Ersten Weltkriegs sah sich das Deutsche Reich von Feinden „eingekreist“.

❶ Staat und Gesellschaft:

① O*brigkeits*staat → preußische Autorität mit festen Prinzipien, R*egeln* und N*ormen*.

② Gesellschaft mit st*arren* Konventionen und Vorstellung von W*erten*

③ Ablehnung von N*euerungen*

④ Patriarchalisches Gesellschaftssystem mit *drei* Klassen:

- Oberschicht und Adel: reiche Großindustrielle (w*irtschaftliche* Macht), Adel ohne P*rivilegien* (p*olitische* Macht)
- Mittelschicht: 25 % der Bevölkerung → B*ürger*, H*andwerker*, Kaufleute, Angestellte → Langsame Zunahme an W*achstum* → Industrialisierung
- Unterschicht (Proletariat): 70 % der Bevölkerung → A*rbeiter*, I*nvaliden*, A*rme* und K*ranke* → niedrige L*öhne*, hohe M*ieten* und teure P*reise* → hoffnungslose Situation

⑤ Deutschland wurde k*apitalist*ische Großmacht → rasend schnelle Entwicklung der T*echnik* → soziale Umbrüche und Krisen

⑥ Uneingeschränkter F*ortschritts*glaube

❷ Familie:

Der Mann war der E*rnährer* der Familie, der Vormund der Frau und der gesamten Familie. Er trug die Verantwortung für die f*inanzielle* und w*irtschaftliche* Situation der Familie und konnte alle Entscheidungen ohne R*ücksprache* mit seiner Familie treffen. Die Frau war „G*ebär*-maschine“ und Hüterin des Hauses. Sie war für die E*rziehung* der Kinder zuständig. Sie hatte keine p*olitische* Rechte.

Hubert Albus: Von der industriellen Revolution bis zum Imperialismus
Best.-Nr. 780 © Brigg Pädagogik Verlag GmbH, Augsburg

GE	Name: ____________________	Datum: __________	

Die Gründung des Deutschen Reiches – was weißt du noch? (1)

❶ Welche Personen sind auf den Bildern unten dargestellt? Position? (8 P.)

① ______________________________

② ______________________________

③ ______________________________

④ ______________________________

❷ Welcher Mann ist im Bild unten links dargestellt? Kreuze richtig an. (1 P.)

- ☐ Eisenbahnpionier Friedrich List
- ☐ Kriegsminister Albrecht von Roon
- ☐ Kaiser Friedrich III. von Preußen
- ☐ König Ludwig II. von Bayern

❸ Welche drei Kriege führte Bismarck? Wann? (6 P.)

____

____

____

❹ Welches Ereignis zeigt das Bild unten rechts? Wo? Wann? (4 P.)

____

____

____

❺ Unter welchem Namen ging das Jahr 1888 in die Geschichte ein? Erkläre genauer. (4 P.)

____

____

____

❻ Von wem stammt der Ausspruch „... aber wir verlangen auch unseren Platz an der Sonne“? Kreuze richtig an. (1 P.)

☐ Bismarck ☐ Friedrich der Große ☐ von Bülow ☐ Ludwig XIV. ☐ Napoleon

Best.-Nr. 780 © Brigg Pädagogik Verlag GmbH, Augsburg

GE Lösung

Die Gründung des Deutschen Reiches – was weißt du noch? (1)

❶ Welche Personen sind auf den Bildern unten dargestellt? Position? (8 P.)

① *Wilhelm I. von Preußen, König, ab 1871 bis 1888 Kaiser des Deutschen Reiches*

② *Otto von Bismarck, preußischer Ministerpräsident und Reichskanzler*

③ *Helmuth von Moltke, preußischer Generalfeldmarschall*

④ *Wilhelm II., ab 1888 bis 1914 Kaiser des Deutschen Reiches*

❷ Welcher Mann ist im Bild unten links dargestellt? Kreuze richtig an. (1 P.)

☐ Eisenbahnpionier Friedrich List
☒ Kriegsminister Albrecht von Roon
☐ Kaiser Friedrich III. von Preußen
☐ König Ludwig II. von Bayern

❸ Welche drei Kriege führte Bismarck? Wann? (6 P.)

① *Deutsch-Dänische Krieg (1864)*

② *Preußisch-Österreichische Krieg (1866)*

③ *Deutsch-Französischer Krieg (1870/71)*

❹ Welches Ereignis zeigt das Bild unten rechts? Wo? Wann? (4 P.)

Proklamation von Wilhelm I., König von Preußen, am 18. Januar 1871 im Spiegelsaal zu Versailles zum Kaiser des Deutschen Reiches

❺ Unter welchem Namen ging das Jahr 1888 in die Geschichte ein? Erkläre genauer. (4 P.)

„Dreikaiserjahr“

Wilhelm I. (✝ 9. März) → Friedrich III. (✝ 15. Juni an Kehlkopfkrebs) → Wilhelm II.

❻ Von wem stammt der Ausspruch „... aber wir verlangen auch unseren Platz an der Sonne“? Kreuze richtig an. (1 P.)

☐ Bismarck ☐ Friedrich der Große ☒ von Bülow ☐ Ludwig XIV. ☐ Napoleon

Hubert Albus: Von der industriellen Revolution bis zum Imperialismus
Best.-Nr. 780 © Brigg Pädagogik Verlag GmbH, Augsburg

GE	Name: ______________________	Datum: ____________	

Die Gründung des Deutschen Reiches – was weißt du noch? (2)

❼ Bismarck sicherte ab 1871 den Frieden in Europa durch eine komplexe Bündnispolitik. Trage in die Karte unten die sechs Bündnisse ein. Wie heißen sie? Zwischen welchen Staaten wurden sie geschlossen? Vervollständige auch die Karte. (24 P.)

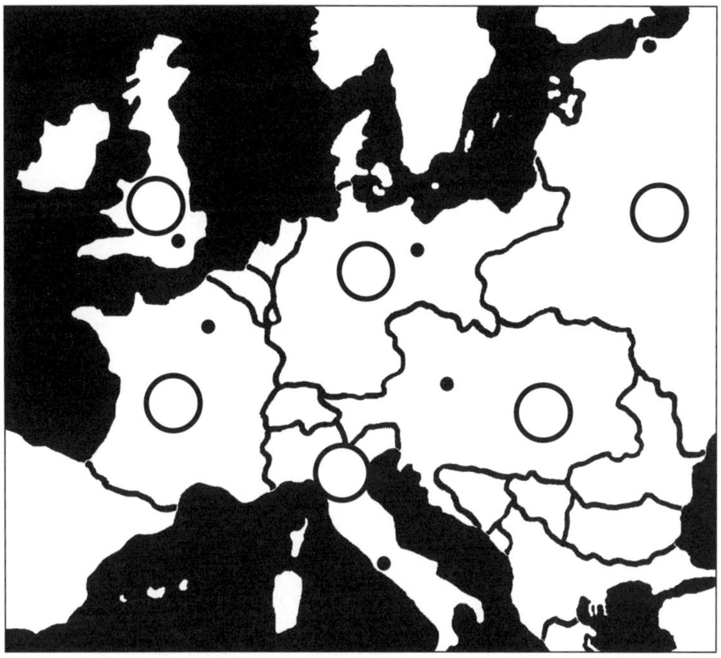

① ______________________

____

____

② ______________________

____

____

③ ______________________

____

____

④ ______________________

____

____

⑤ ______________________

____

____

⑥ ______________________

____

____

❽ Mit welchen innenpolitischen Problemen hatte Bismarck zu kämpfen? (4 P.)

____

____

❾ Gib in Stichpunkten die Probleme der Wilhelminischen Epoche wieder. (8 P.)

____

____

____

____

____

____

❿ Erkläre die Karikaturen rechts. (6 P.)

____

____

____

____

____

____

____

66 Punkte

GE | Lösung

Die Gründung des Deutschen Reiches – was weißt du noch? (2)

❼ Bismarck sicherte ab 1871 den Frieden in Europa durch eine komplexe Bündnispolitik. Trage in die Karte unten die sechs Bündnisse ein. Wie heißen sie? Zwischen welchen Staaten wurden sie geschlossen? Vervollständige auch die Karte. (24 P.)

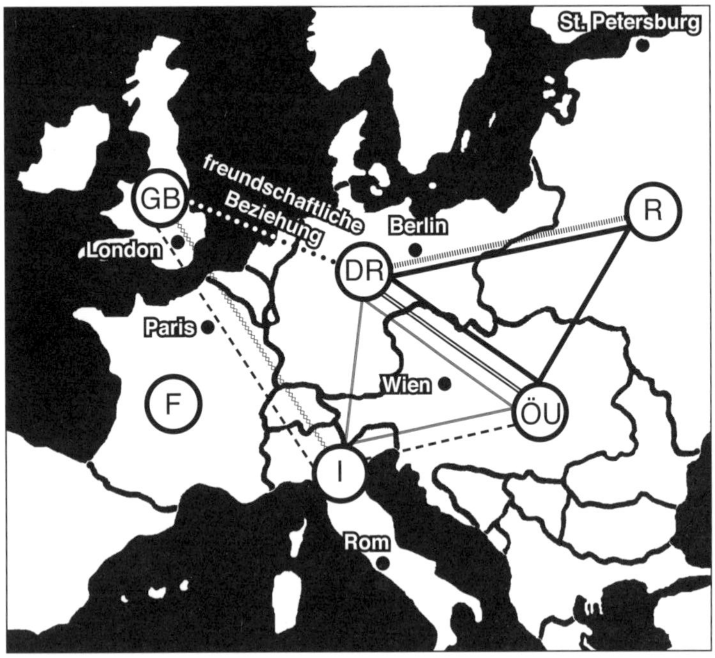

① *Dreikaiserbund 1873/1881*
Deutsches Reich – Österreich-Ungarn – Russland

② *Zweibund 1879*
Deutsches Reich – Österreich-Ungarn

③ *Dreibund 1882*
Deutsches Reich – Österreich-Ungarn – Italien

④ *Mittelmeerabkommen 1887*
Großbritannien – Italien

⑤ *Rückversicherungsvertrag 1887*
Deutsches Reich – Russland

⑥ *Orientdreibund 1887*
Großbritannien – Italien – Österreich-Ungarn

❽ Mit welchen innenpolitischen Problemen hatte Bismarck zu kämpfen? (4 P.)

① *„Kulturkampf" (gegen die Kirche)*
② *„Sozialistengesetz" (gegen die SPD)*

❾ Gib in Stichpunkten die Probleme der Wilhelminischen Epoche wieder. (8 P.)

Reaktionärer Obrigkeitsstaat (autoritär, militaristisch, bürokratisch, monarchisch): Verunsicherung, Zukunftsängste; „Große Depression" 1873–1895; preußisch-deutscher Nationalismus und Kaiserkult; Bau nationalistischer Denkmäler; Übernahme militärischen Denkens und Verhaltens in Ämtern, Schulen, Betrieben; Bevorzugung des Adels; soziale Ängste des Bürgertums; krasse Klassenunterschiede; Anfeindung von Randgruppen

❿ Erkläre die Karikaturen rechts. (6 P.)

Die Karikatur außen zeigt die Entlassung Bismarcks 1890 durch Kaiser Wilhelm II. („Der Lotse geht von Bord" → Bismarcks Bündnissystem zerbricht). Die Karikatur von 1864 soll Deutschlands Zukunft zeigen. Bismarck bringt alle deutschen Staaten unter einen „Hut" (Pickelhelm).

66 Punkte

Hubert Albus: Von der industriellen Revolution bis zum Imperialismus
Best.-Nr. 780 © Brigg Pädagogik Verlag GmbH, Augsburg

Motive und Ziele des Imperialismus

Lerninhalte:

- Klärung des Begriffes „Imperialismus“
- Kenntnis von verschiedenen Motiven des Imperialismus
- Wissen um den Erwerb von Kolonien mittels einer Weltkarte
- Erkennen und Beurteilen der Schattenseiten des Imperialismus
- Erkennen, dass besonders Afrika von der Kolonialisierung betroffen war

Arbeitsmittel/Medien:

- Arbeitsblatt: Motive und Ziele des Imperialismus
- Infoblatt: Motive und Ziele des Imperialismus
- Folie 1: Afrika 1912 (Karte)
- Folie 2: Kolonialreiche vor dem 1. Weltkrieg (Weltkarte)
- Folie 3: Lösung zum Arbeitsblatt
- Bild für die Tafel: The Rhodes Colossus
- DVD 4601082: Deutscher Kolonialismus in Afrika (2002; 104 min; sw + farbig)

Folie 2

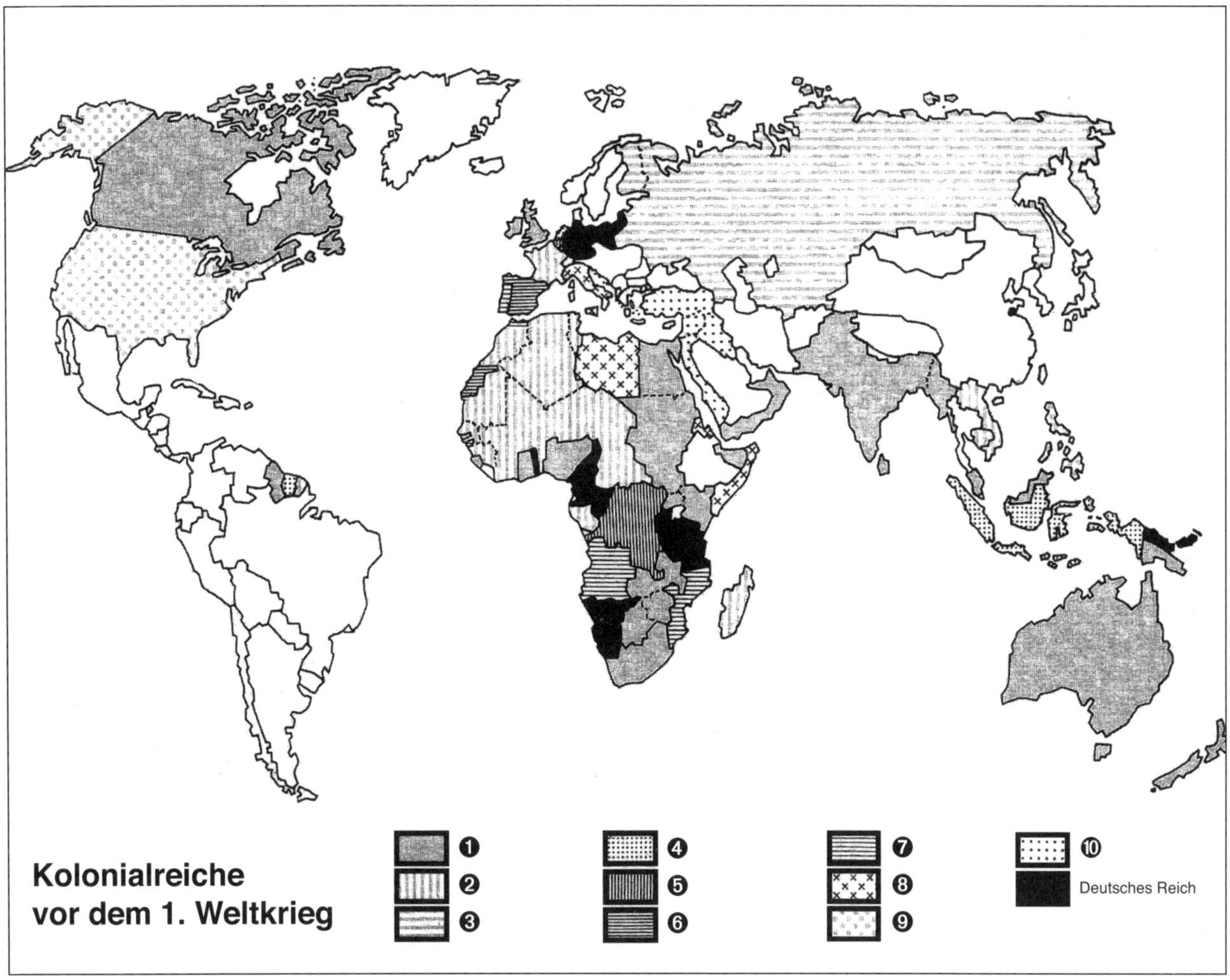

❶ England ❷ Frankreich ❸ Russland ❹ Niederlande ❺ Belgien ❻ Spanien ❼ Portugal ❽ Italien ❾ USA ❿ Osmanisches Reich

Verlaufsskizze (2–4 UE, je nach Filmeinsatz)

I. Motivation

Stummer Impuls	Tafel Bild (S. 125)	The Rhodes Colossus
Aussprache Stummer Impuls Aussprache Überleitung	Folie 1 (S. 126)	Afrika 1912 L: Afrika wurde im Zeitraum von rund 30 Jahren fast komplett aufgeteilt.
Zielangabe	Tafel	**Motive und Ziele des Imperialismus**

II. Begegnung/Erarbeitung

Impuls Aussprache		L: Was heißt „Imperialismus"?
Erklärung	Tafel	Streben eines Staates nach politischer, wirtschaftlicher und kultureller Kontrolle oder gar Herrschaft über andere Länder oder Völker.
Erlesen Aussprache	Infoblatt (S. 126)	Motive und Ziele des Imperialismus
Zusammenfassung	Tafel	Motive: Großmachtstreben; Sicherung von Siedlungsräumen; Ablenkung von eigenen innerstaatlichen Problemen Internationale Konkurrenz; Erschließung und Sicherung von Absatzmärkten, weil Produktions- und Kapitalüberschuss; billige Rohstoffe, billige Arbeitskräfte (Ausbeutung); rücksichtsloses Gewinnstreben Sendungsbewusstsein („Am deutschen Wesen soll die Welt genesen"); Rassenstolz und übersteigerter Nationalismus; Herauskehren des Rechts des Stärkeren; Zivilisierung der „Barbaren" oft mit Gewalt; dabei Zerstörung gewachsener Kulturen

III. Wertung

Stummer Impuls Aussprache	Folie 2 (S. 123)	Kolonialreiche vor dem 1. Weltkrieg
Impuls Aussprache		L: Wo liegt die Problematik beim Betrachten dieser Karte?
Impuls Aussprache		L: Gibt es heute noch Kolonien?

IV. Sicherung

	Arbeitsblatt (S. 127)	Motive und Ziele des Imperialismus
Kontrolle	Folie 3 (S. 128)	

V. Ausweitung

Zusammenfassung Aussprache	DVD	Deutscher Kolonialismus in Afrika (104 min) 

Hubert Albus: Von der industriellen Revolution bis zum Imperialismus
Best.-Nr. 780 © Brigg Pädagogik Verlag GmbH, Augsburg

The Rhodes Colossus
Punch, 1892

Best.-Nr. 780 © Brigg Pädagogik Verlag GmbH, Augsburg

Motive und Ziele des Imperialismus

Imperialismus ist die Bezeichnung für die Bestrebungen eines Landes, die Herrschaft oder zumindest die Kontrolle über andere Länder oder Völker zu erhalten. Er ist so ausgelegt, dass durch militärische Unterwerfung sowie politische als auch wirtschaftliche Einflussnahme die Länder direkt vom „Mutterland" abhängig gemacht und letztendlich auch ausgebeutet werden. Geprägt wurde der Begriff im Zusammenhang mit der europäischen Expansionswelle nach 1870.

Als der Biologe Charles Darwin seine Theorie vom „Recht des Stärkeren" und die Prinzipien der Evolution und Selektion veröffentlichte, wurde dies damals vor allem von vielen Gesellschaftswissenschaftlern auf das Zusammenleben der Menschen übertragen. Sie interpretierten die Theorien so um, dass sich Menschen ein Recht zu verschaffen meinten, die angeblich „minderwertigen und wertlosen" Menschen zu unterdrücken und auszubeuten. Unter dem Wort Kolonie versteht man, dass ein unselbstständiges Gebiet von einer fremden Staatsmacht besetzt wird und die dort lebende Bevölkerung dem direkten Druck der Besatzungsmacht ausgesetzt ist. Das besetzte Gebiet steht in einer dauerhaften Abhängigkeitsbeziehnung zu dem „Mutterland".

Voraussetzung für den Imperialismus war die industrielle Revolution. Die Beherrschung großer Gebiete durch wenige Menschen und die Nutzung von Ressourcen wurde durch bessere Waffen, stärkere Transport- und schnellere Kommunikationssysteme erreicht. Der technische Vorsprung machte die Überlegenheit der Weißen besonders signifikant. Der dadurch entstandene Rassismus zerstörte alte Moralvorstellungen. Die weißen „Herrenvölker" hatten keinen Blick für andere Kulturen. Von Cecil Rhodes stammte 1877 folgender Satz: „Ich behaupte, dass wir die erste Rasse in der Welt sind und dass es um so besser für die Menschheit ist, je mehr wir von der Welt bewohnen."

Für das deutsche Kaiserreich stand vor allem der wirtschaftliche Nutzen im Vordergrund der Diskussion um die Ausbeutung der afrikanischen Kolonien. Man hoffte durch den Export in die eigenen Kolonialgebiete der angeschlagenen Wirtschaft im Inland neuen Aufschwung zu verleihen. Die Diskussionen um fehlende Rohstoffe in Deutschland und die Intensivierung des Handels nahmen stark zu. Neben der Erschließung neuer Rohstoffquellen und Absatzmärkte für die industrielle Produktion ging es auch darum, Anlagemöglichkeiten für das Überangebot an Kapital zu finden. Religiöse und humanitäre Motive führten dazu, die als „gottlose Wilde" angesehenen Ureinwohner zu zivilisieren und zu christianisieren – oft mit brachialer Gewalt.

Die Abschaffung der Sklaverei war ein weiteres wichtiges Ziel. Nur zu oft aber wurden die Kulturen der „Eingeborenen" zerschlagen und deren Gewohnheiten, Sitten und Normen durch europäische Denkweisen wie Egoismus, Gewinnstreben, Fortschrittsgläubigkeit und Freiheitsideale ersetzt.

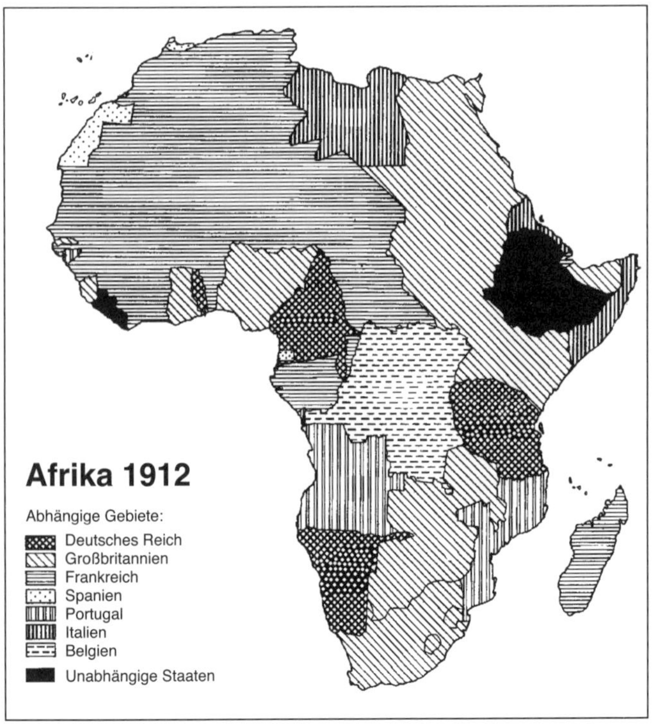

Deutschland stieg im Vergleich zu anderen europäischen Ländern erst sehr spät in die Kolonialpolitik ein. Das lag einerseits an der späten Industrialisierung Deutschlands, andererseits an der Außenpolitik Bismarcks. Bismarck wollte zuerst keine Kolonien, weil er meinte, damit auf den Widerstand der anderen Kolonialmächte zu stoßen, während Deutschland nicht über die Mittel verfügte, gegen diesen Widerstand anzukämpfen.

Doch 1884 schien es so, als ob Bismarck die Kolonialpolitik Deutschlands billigte, da er sie für seine innen- und außenpolitischen Ziele nutzen wollte.

Deutschland erwarb einige Gebiete wie Südwest-Afrika (heute Namibia), Kamerun, Togo und Ostafrika (heute Tansania), Kaiser Wilhelmland und das Bismarckarchipel (heute Neuguinea), doch diese waren wirtschaftlich nutzlos. Weitere Bemühungen um Kolonien waren nicht sehr erfolgreich.

Hubert Albus: Von der industriellen Revolution bis zum Imperialismus
Best.-Nr. 780 © Brigg Pädagogik Verlag GmbH, Augsburg

GE	Name:	Datum:	

Motive und Ziele des Imperialismus

„Ein Platz an der Sonne“

❶ Kläre den Begriff „Imperialismus“.

❷ Motive des Imperialismus

① politischer Art:

② wirtschaftlicher Art:

③ ideologischer Art:

Der Brite Cecil Rhodes rechtfertigte den Erwerb von Kolonien in einer Schrift von 1877 mit folgenden Argumenten:

Ich behaupte, dass wir die erste Rasse in der Welt sind und dass es für die Menschheit umso besser ist, je größere Teile der Welt wir bewohnen ... Da Gott sich die Englisch sprechende Rasse offensichtlich zu seinem auserwählten Werkzeug geformt hat, durch welches er einen auf Gerechtigkeit, Freiheit und Frieden gegründeten Zustand der Gesellschaft hervorbringen will, muss es auch seinem Wunsch entsprechen, dass ich alles in meiner Macht Stehende tue, um jener Rasse so viel Spielraum und Macht wie möglich zu schaffen. Wenn es einen Gott gibt, denke ich, so will er daher eines gern von mir getan haben: nämlich so viel von der Karte Afrikas britisch-rot zu malen wie möglich.

❸ Ziele des Imperialismus:

GE | Lösung

Motive und Ziele des Imperialismus

„Ein Platz an der Sonne"

❶ Kläre den Begriff „Imperialismus".

Streben eines Staates nach politischer und wirtschaftlicher Kontrolle über andere Länder. Die klassische Epoche des europäischen Imperialismus verlief zwischen 1882 und 1914.

❷ Motive des Imperialismus

① politischer Art:

Großmachtstreben; Sicherung von Siedlungsräumen; Ablenkung von eigenen innerstaatlichen Problemen

② wirtschaftlicher Art:

Internationale Konkurrenz; Erschließung und Sicherung von Absatzmärkten, weil Produktions- und Kapitalüberschuss; billige Arbeitskräfte (Ausbeutung); rücksichtsloses Gewinnstreben

③ ideologischer Art:

Sendungsbewusstsein („Am deutschen Wesen soll die Welt genesen"); Rassenstolz und übersteigerter Nationalismus; Herauskehren des Rechts des Stärkeren; Zivilisierung der „Barbaren" oft mit Gewalt; Zerstörung gewachsener Kulturen

Der Brite Cecil Rhodes rechtfertigte den Erwerb von Kolonien in einer Schrift von 1877 mit folgenden Argumenten:

Ich behaupte, dass wir die erste Rasse in der Welt sind und dass es für die Menschheit umso besser ist, je größere Teile der Welt wir bewohnen ... Da Gott sich die Englisch sprechende Rasse offensichtlich zu seinem auserwählten Werkzeug geformt hat, durch welches er einen auf Gerechtigkeit, Freiheit und Frieden gegründeten Zustand der Gesellschaft hervorbringen will, muss es auch seinem Wunsch entsprechen, dass ich alles in meiner Macht Stehende tue, um jener Rasse so viel Spielraum und Macht wie möglich zu schaffen. Wenn es einen Gott gibt, denke ich, so will er daher eines gern von mir getan haben: nämlich so viel von der Karte Afrikas britisch-rot zu malen wie möglich.

❸ Ziele des Imperialismus:

Aufschwung der Wirtschaft im Mutterland durch billigste Rohstoffimporte; lohnende Kapitalinvestitionen in den Kolonien; Sicherung und Ausweitung von Absatzmärkten; Erwartung riesiger Gewinne; Erschließung neuer Siedlungsgebiete für auswanderungswillige Europäer; Abschiebung von Strafgefangenen; Bekehrung der „Eingeborenen" durch Missionare; Abschaffung der Sklaverei

Der Imperialismus und seine Folgen

Lerninhalte:

- Wissen um imperialistische Politik des Deutschen Reiches und des Britischen Empire
- Herausfinden des Kolonialbesitzes mithilfe einer Weltkarte
- Wissen um die Folgen dieser imperialistischen Politik
- Erkennen und Beurteilen der Greueltaten der Deutschen am Beispiel der Herero
- Erkenntnis, dass der Imperialismus auch heute noch seine negativen Auswirkungen hat

Arbeitsmittel/Medien:

- Arbeitsblätter 1/2: Der Imperialismus und seine Folgen 1/2
- Infoblätter 1/2: Die imperialistische Politik des Deutschen Reiches
- Folie 1: Bericht eines Enkels einer Hererofrau
- Folie 2: Aussage von Lothar von Trotha
- Folie 3: Die imperialistische Politik des Britischen Empire
- Folien 4/5: Lösungen zu den Arbeitsblättern 1/2
- Bild für die Tafel: Herero 1907 nach dem Aufstand
- Video 4202799: Deutschland wird Kolonialmacht – Carl Peters erwirbt Deutsch-Ostafrika (2002; 25 min; schwarzweiß)

Folie 1

Als Enkel einer überlebenden Hererofrau berichtet der Namibier Kautu von der Vertreibung des Hererovolkes in die Sandwüste Omaheke und dem dort erfahrenen unsäglichen Leid:

Die Flucht selbst war eine sehr traurige Begebenheit. Mir hat meine Großmutter, die jetzt 92 Jahre als ist und die selbst dabei war, erzählt, wie bitter schwer die Herero gelitten haben. Wasser wurde nun knapp. ... Wenn sie an einen Sandbrunnen kamen, und es gab Wasser, dann tranken die Krieger. Die Frauen tranken nicht, damit die Krieger Kraft hätten zu kämpfen. Und wenn sie Hunger hatten, sagten die Männer zu den Frauen: „Das Kind kann ruhig sterben. Ich muss aus deiner Brust die Milch saugen, denn ich kann nicht anders, damit ich kämpfen kann." Das ist, was meine eigene Mutter selbst gesehen hat. ... Wenn sie vielleicht an einen Sandbrunnen kamen, und der hatte kein Wasser mehr, und es lag ein Toter dort, dann schnitten sie ihrem Freunde den Magen auf, um das Wasser zu trinken. Sie konnten nicht anders.

Folie 2

Gewalt mit krassem Terrorismus und selbst mit Grausamkeit auszuüben, war und ist meine Politik. Ich vernichte die aufständischen Stämme in Strömen von Blut und Strömen von Geld. Nur auf dieser Aussaat kann etwas Neues entstehen.

Lothar von Trotha

Verlaufsskizze (2–3 UE)

I. Motivation

Stummer Impuls	Tafel Bild (S. 131)	Herero 1907 nach dem Aufstand
Aussprache		
Zielangabe	Tafel	**Der Imperialismus und seine Folgen**

II. Begegnung/Erarbeitung

Stummer Impuls Erlesen mit Aussprache	Folie 1 (S. 129)	Bericht eines Enkels einer Hererofrau
Stummer Impuls Erlesen mit Aussprache	Folie 2 (S. 129)	Aussage von Lothar von Trotha
Erlesen mit Aussprache	Infoblätter 1/2 (S. 132/133)	Die imperialistische Politik des Deutschen Reiches
Aussprache	Folie 3 (S. 134)	Die imperialistische Politik des Britischen Empire

III. Wertung

Impuls Aussprache		L: Folgen des Imperialismus heute?
	Tafel	Abhängigkeit der Entwicklungsländer von der Industrienationen • wirtschaftlich • politisch

IV. Sicherung

U. U. Hausaufgabe	Arbeitsblatt 1 (S. 135)	Der Imperialismus und seine Folgen (1)
Kontrolle	Folie 4 (S. 136)	
	Arbeitsblatt 2 (S. 137)	Der Imperialismus und seine Folgen (2)
Kontrolle	Folie 5 (S. 138)	

V. Ausweitung

Zusammenfassung	Video	Deutschland wird Kolonialmacht – Carl Peters erwirbt Deutsch-Ostafrika (25 min)
Aussprache		

Best.-Nr. 780 © Brigg Pädagogik Verlag GmbH, Augsburg

Herero 1907 nach dem Aufstand

Best.-Nr. 780 © Brigg Pädagogik Verlag GmbH, Augsburg

Die imperialistische Politik des Deutschen Reiches

Erst nach der Entlassung Bismarcks 1890 durch Kaiser Wilhelm II. nahm das Deutsche Reich am Wettlauf um die Kolonien mit aller Macht teil. Allerdings war man da schon reichlich spät dran, denn große Teile des „Kolonialkuchens" waren schon verteilt. Am 6. Dezember 1897 forderte der deutsche Staatssekretär im Auswärtigen Amt und spätere Reichskanzler Bernhard von Bülow im Reichstag einen deutschen „Platz an der Sonne": „Mit einem Worte: Wir wollen niemand in den Schatten stellen, aber wir verlangen auch unseren Platz an der Sonne." Dieser Satz kennzeichnete die deutsche Außenpolitik bis zum Beginn des Ersten Weltkrieges.

Die deutsche Kolonialpolitik hatte allerdings in kleinen Schritten schon 1884 begonnen. Reichskanzler Otto von Bismarck wandelte die zuerst als deutsche Schutzgebiete deklarierten afrikanischen Länder Deutsch-Südwestafrika, Deutsch-Ostafrika, Kamerun und Togo sowie Neuguinea etwas später in Kolonien um.

Diese deutschen Kolonien waren wirtschaftlich und strategisch uninteressant, da sie weder über größere Bodenschätze noch über landwirtschaftliche Nutzflächen verfügten und auch nicht als gewinnbringende Absatzmärkte dienten.

Zwischen 1896 und 1914 kam es in den deutsch besetzten Kolonien zu einem Krieg zwischen dem Deutschen Reich und den dort ansässigen Völkern, vor allem in Deutsch-Südwestafrika.

Schon 1896 war es dort zu einem ersten Aufstand der Herero gegen die deutschen Kolonialherren gekommen, der aber unterdrückt wurde. Die deutschen Siedler duldeten auf ihrem billigst erworbenem Grund nicht die Herero, die als Nomaden mit ihren Herden von Wasserstelle zu Wasserstelle zogen.

Nach Aufkündigung der Schutzherrschaft überfielen 1904 die Hereo Farmen und Polizeistationen und töteten über hundert deutsche Siedler. Dieser zweite große Aufstand dieses Stammes wurde von der Schutztruppe Generals von Trotha in zweijährigem Kampf blutig niedergeschlagen. Durch weitere Verfolgungen, unter anderem durch Abdrängung der überlebenden Frauen und Kinder in die Wüste, wo die Mehrzahl von ihnen verhungerte und verdurstete, wurde der Stamm zu etwa achtzig Prozent ausgerottet. Es gab über 60000 Tote. Nur 16000 Herero überlebten. Sie wurden in Reservate gezwängt und streng bewacht.

In ähnlicher Weise wurde 1905 der Nama-Aufstand durch Abdrängen des Stammes in Wüstenregionen und nach schweren Kämpfen niedergeworfen.

Hubert Albus: Von der industriellen Revolution bis zum Imperialismus
Best.-Nr. 780 © Brigg Pädagogik Verlag GmbH, Augsburg

Aufruf an das Volk der Herero — Osombo-Windembe, den 2. Oktober 1904

Ich, der große General der deutschen Soldaten, sende diesen Brief an das Volk der Herero. Die Herero sind nicht mehr deutsche Untertanen. Sie haben gemordet und gestohlen, haben verwundeten Soldaten Ohren und Nasen und andere Körperteile abgeschnitten, und wollen jetzt aus Feigheit nicht mehr kämpfen. Ich sage dem Volk: Jeder der einen der Kapitäne an eine meiner Stationen als Gefangenen abliefert, erhält 1000 Mark, wer Samuel Maharero bringt, erhält 5000 Mark. Das Volk der Herero muss jedoch das Land verlassen.
Wenn das Volk dies nicht tut, so werde ich es mit dem Groot Rohr dazu zwingen. Innerhalb der deutschen Grenze wird jeder Herero mit und ohne Gewehr, mit oder ohne Vieh erschossen, ich nehme keine Weiber und Kinder mehr auf, treibe sie zu ihrem Volke zurück oder lasse auf sie schießen. Dies sind meine Worte an das Volk der Herero.
Der große General des mächtigen deutschen Kaisers.

Dieser Erlass ist bei den Appells der Truppen mitzuteilen mit dem Hinzufügen, dass auch der Truppe, die einen der Kapitäne fängt, die entsprechende Belohnung zuteil wird und das Schießen auf Weiber und Kinder so zu verstehen ist, dass über sie hinweggeschossen wird, um sie zum Laufen zu zwingen. Ich nehme mit Bestimmtheit an, dass dieser Erlass dazu führen wird, keine männlichen Gefangenen mehr zu machen, aber nicht zu Grausamkeiten gegen Weiber und Kinder ausartet. Diese werden schon fortlaufen, wenn zweimal über sie hinweggeschossen wird. Die Truppe wird sich des guten Rufes des deutschen Soldaten bewusst bleiben.

der Kommandeur
gez. v. Trotha, Generalleutnant

Trotha rechtfertigte sich unter anderem in der Deutschen Zeitung und deutete seine Ängste an, eine Niederlage wie Napoleon beim Rückzug aus Moskau 1812 (Beresina) erleben zu müssen:

Die Stämme Afrikas führen untereinander so lange Krieg, bis einer zerstört am Boden liegt. Dies musste auch hier einmal geschehen. Dass ein Krieg in Afrika sich nicht nach den Gesetzen der Genfer Konvention führen lässt, ist selbstverständlich. Die Zurückweisung der Weiber von den Wasserstellen der Kalahari fiel mir sehr schwer. Ich stand aber vor einer Katastrophe für meine Truppe. Wenn ich die kleineren vorhandenen Wasserstellen den Weibern zugänglich machte, so gewärtigte ich in Afrika ein Beresina zu erleben.

Arbeitsaufgabe:
Informiere dich, ob das deutsche Vorgehen gegen die Herero Völkermord war.
Beurteile das Verhalten der deutschen Politiker heute.
Wie verhielten sich die Nachkommen von General von Trotha?

Best.-Nr. 780 © Brigg Pädagogik Verlag GmbH, Augsburg

Die imperialistische Politik des Britischen Empire

Als Ursprungsland der industriellen Revolution gilt England. Aus diesem Grund setzte auch der Imperialismus erstmals dort ein. Die bisher größte Seemacht stellte sehr gute Voraussetzungen für die frühe Kolonialisierung dar. Die Eröffnung des Suez-Kanals im Jahre 1869 begünstigte England durch die Verkürzung des Seeweges bei der Aneignung von Kolonien.

Mit dem Auftreten neuer Großmächte wuchs die Angst vor der Konkurrenz, wodurch England einen entscheidenden Schub in der Expansion erhielt. Um diese Angst zu entkräften, benötigte England die wichtigsten Küstengebiete als Kolonien (Ägypten, 1882; Kenia, 1882; Rhodesien, 1895; Sudan, 1898; die Burenstaaten, 1899 bis 1902). Um 1900 umfasste das britische Empire (Irland, England, Schottland) zusätzlich Indien, Teile Afrikas, Kanada und Australien.

Historiker stellen oft heraus, dass das Britische Empire auf seinem Höhepunkt ein Viertel der Landoberfläche der Erde bedeckte (30 Millionen Quadratkilometer) und eine Bevölkerung von über 400 Millionen hatte. Sie vergessen jedoch, dass Drogen- und Sklavenhandel dabei halfen, Britannien zu „Groß"-Britiannien zu machen. Oder dass die Hungersnöte in Irland und Indien, die Millionen Tote forderten, das Resultat einer unnachgiebigen Marktideologie waren, begleitet von öffentlicher Gleichgültigkeit.

Während „Zivilisation" und „Christentum" die häufig genannten Motive für das Empire waren, hatten viele der Unterworfenen ihre eigene Sichtweise der britischen Herrschaft. Sie nannten die britische Flagge „the butcher's apron" (die Schlachterschürze), und wenn britische Politiker sich rühmten, dass die Sonne im Empire nie unterginge, fügten sie hinzu: „und nie trocknet das Blut".

John Bull als unersättlicher Krake des Imperialismus
Amerikanische Karikatur © Punch, 1888

Welche Länder hatte England im Griff? Informiere dich über die Kolonien des Britischen Empire.

Hubert Albus: Von der industriellen Revolution bis zum Imperialismus
Best.-Nr. 780 © Brigg Pädagogik Verlag GmbH, Augsburg

GE	Name: ______________________	Datum: ____________	

Der Imperialismus und seine Folgen (1)

❶ Erkläre die Karikatur rechts.

____

____

____

____

____

❷ Ergänze die Legende links unten in der Karte.

❸ Welcher Kontinent hatte am meisten unter den imperialistischen Bestrebungen zu leiden? Nur zwei Länder blieben unabhängig. Welche? Warum?

____

____

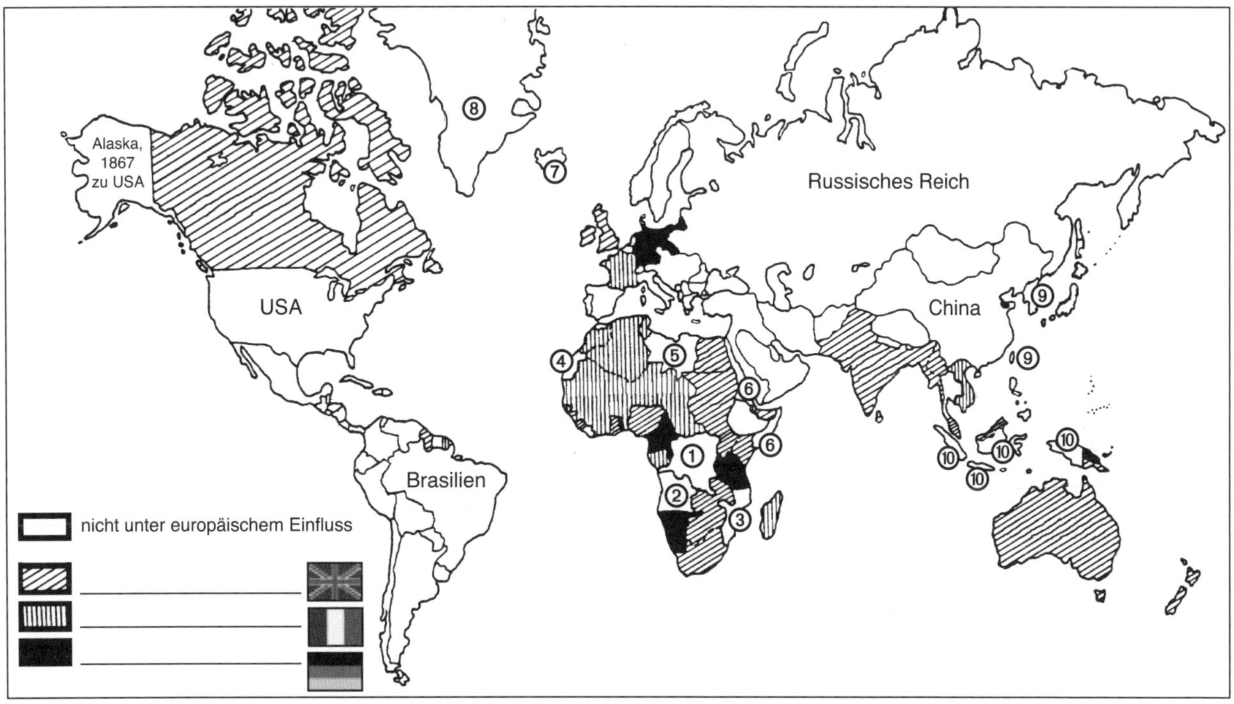

❹ Suche je vier britische, französische und deutsche Kolonien heraus.

____

____

____

❺ Die Ziffern in der Karte oben zeigen weitere Kolonien? Welche Länder sind es? Wer war jeweils der Kolonialherr?

① ____________________ ⑥ ____________________

② ____________________ ⑦ ____________________

③ ____________________ ⑧ ____________________

④ ____________________ ⑨ ____________________

⑤ ____________________ ⑩ ____________________

GE | Lösung

Der Imperialismus und seine Folgen (1)

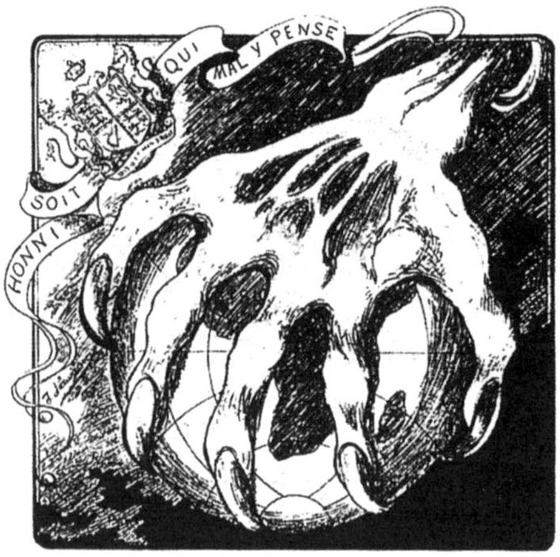

❶ Erkläre die Karikatur rechts.

Die französische Karikatur (1899) stellt die monströse Klaue des britischen Empires dar, das mit oft brutalen Mitteln überall auf der Erde Kolonien an sich reißt. Der ironische Schriftzug bedeutet übersetzt: „Verachtet sei, wer Schlechtes dabei denkt." (Wahlspruch der Monarchen)

❷ Ergänze die Legende links unten in der Karte.

❸ Welcher Kontinent hatte am meisten unter den imperialistischen Bestrebungen zu leiden? Nur zwei Länder blieben unabhängig. Welche? Warum?

Afrika, vor der „Haustür" Europas liegend

Abbessinien, Liberia → uninteressant, wenig Bodenschätze, unzugängliches Gebiet

❹ Suche je vier britische, französische und deutsche Kolonien heraus.

- (britisch) *Indien, Kanada, Australien, Nigeria, Sudan, Uganda, Rhodesien, Südafrika etc.*
- (französisch) *Indochina, Algerien, Franz.-Westafrika, Franz.-Äquatorialafrika, Madagaskar*
- (deutsch) *Kamerun, Togo, D.-Südwestafrika, D.-Ostafrika, Neuguinea, Kiautschou*

❺ Die Ziffern in der Karte oben zeigen weitere Kolonien? Welche Länder sind es? Wer war jeweils der Kolonialherr?

① *Kongo (Belgien)*
② *Port.-Westafrika (Portugal)*
③ *Ostafrika (Portugal)*
④ *Rio de Oro (Spanien)*
⑤ *Libyen (Italien)*
⑥ *Somaliland, Eritrea (Italien)*
⑦ *Island (Dänemark)*
⑧ *Grönland (Dänemark)*
⑨ *Korea, Formosa (Japan)*
⑩ *Niederländisch-Indien (Niederlande)*

Hubert Albus: Von der industriellen Revolution bis zum Imperialismus
Best.-Nr. 780 © Brigg Pädagogik Verlag GmbH, Augsburg

GE	Name: ______________________	Datum: ______________	

Der Imperialismus und seine Folgen (2)

❶ Welche vier Kolonialmächte hat Thomas Theodor Heine in seiner Karikaturenreihe aus dem „Simplicissimus“ von 1905 mit dem Titel „How to be a Colonial Power“ dargestellt?

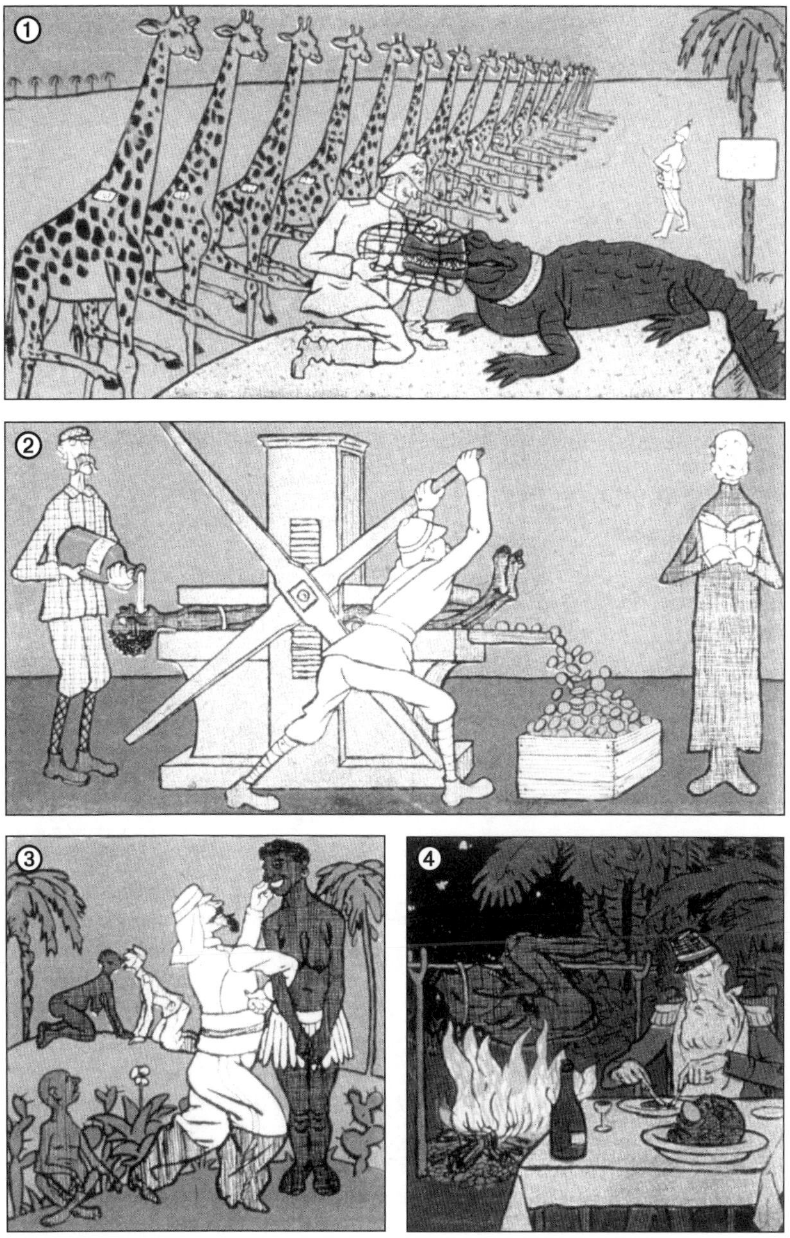

❷ Beschreibe Verhalten und Eigenschaften der jeweiligen Kolonialmacht.

zu ❶

① ______________________

② ______________________

③ ______________________

④ ______________________

zu ❷

① ______________________

____

____

____

② ______________________

____

____

____

③ ______________________

____

____

____

④ ______________________

____

____

____

❸ Welche Folgen hatte die imperialistische Politik für die Kolonialvölker?

• nachteilig:

____

____

____

____

• vorteilhaft:

____

Best.-Nr. 780 © Brigg Pädagogik Verlag GmbH, Augsburg

GE Lösung

Der Imperialismus und seine Folgen (2)

❶ Welche vier Kolonialmächte hat Thomas Theodor Heine in seiner Karikaturenreihe aus dem „Simplicissimus“ von 1905 mit dem Titel „How to be a Colonial Power“ dargestellt?

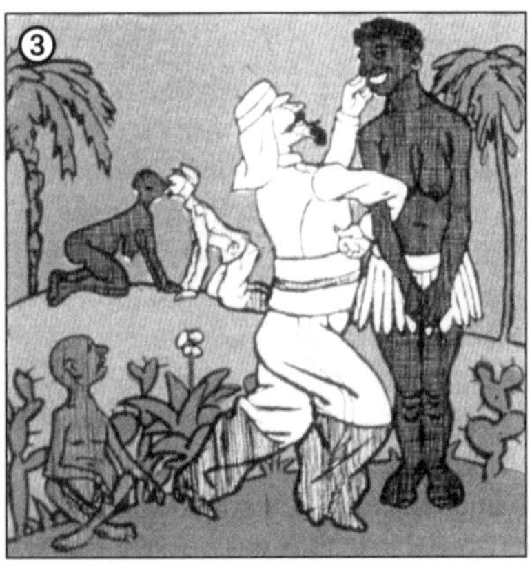

❷ Beschreibe Verhalten und Eigenschaften der jeweiligen Kolonialmacht.

zu ❶

① *Deutsches Reich*

② *England (Brit. Empire)*

③ *Frankreich*

④ *Belgien*

zu ❷

① *Beim Deutschen herrschen Disziplin, Ruhe und Ordnung („in Reihe und Glied“), sonst wird ein Maulkorb verpasst.*

② *Der Engländer stopft einen Afrikaner mit Alkohol und Religion voll, um ihn dann ausbeuten zu können.*

③ *Der Franzose interessiert sich nach genauer Inspektion mehr für die Eingeborenenfrauen als für seine Mission.*

④ *König Leopold II. von Belgien als Kannibale verspeist die Kongolesen und schlachtet sie brutal aus.*

❸ Welche Folgen hatte die imperialistische Politik für die Kolonialvölker?

• nachteilig:

Entmündigung der Kolonialvölker in politischer, wirtschaftlicher und kultureller Hinsicht; Ausbeutung der Bodenschätze und Arbeitskräfte; Unterdrückung und Zerstörung der einheimischen Kulturen; gewaltsame Zivilisierung der Ureinwohner durch Unterwerfung, Vergewaltigung, Betrug; Zerstörung der ursprünglichen Natur; keine Industrialisierung → Abhängigkeit

• vorteilhaft:

Bau von Schulen, Krankenhäusern, Straßen; neue technische Errungenschaften

Hubert Albus: Von der industriellen Revolution bis zum Imperialismus
Best.-Nr. 780 © Brigg Pädagogik Verlag GmbH, Augsburg

GE Name: ____________________ Datum: ____________

Der Imperialismus – was weißt du noch?

❶ Welche neun Länder sind unten dargestellt? Schreibe sie in die Karte. (9 P.)

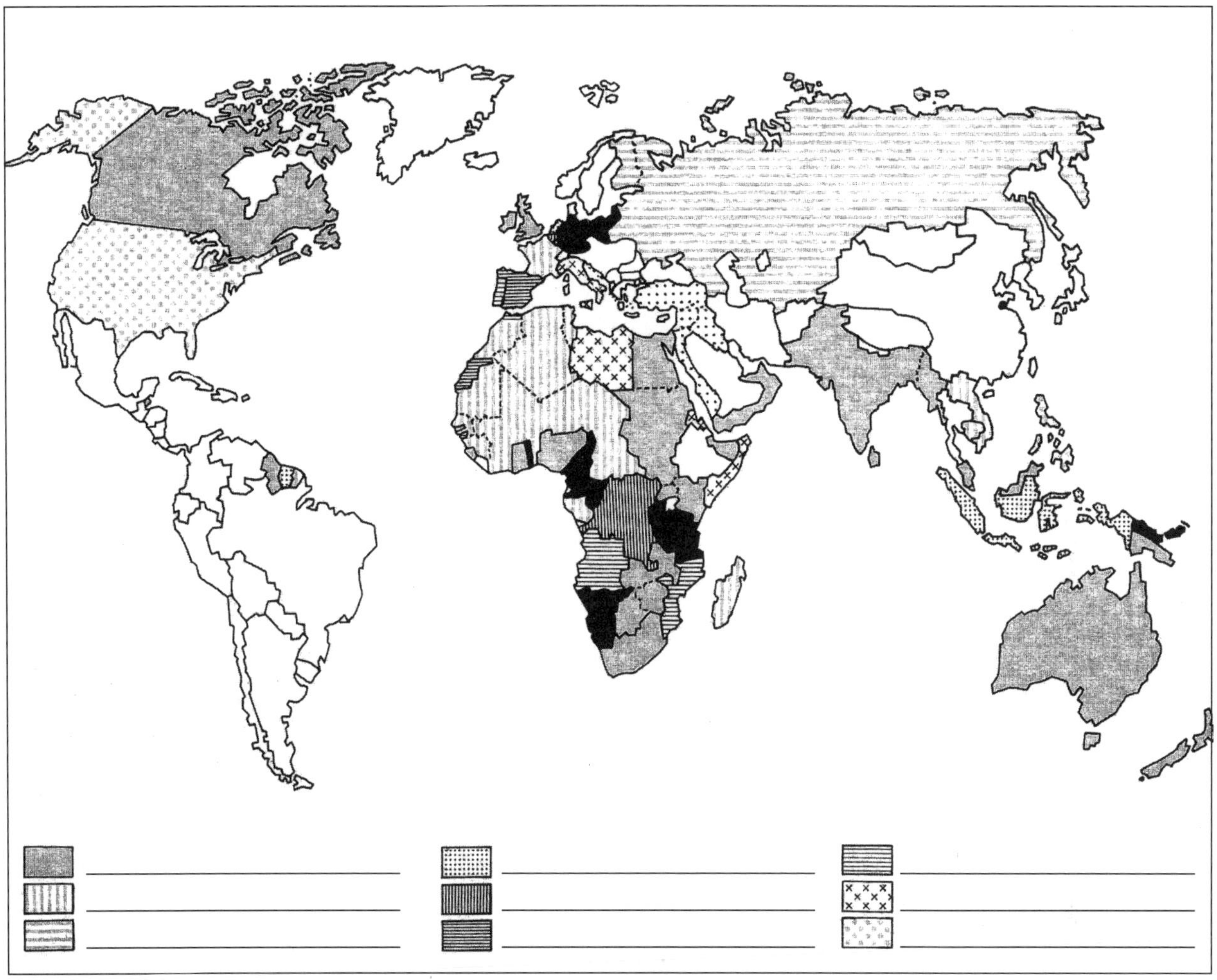

❷ Welche Motive bewegten Nationen, sich Kolonien anzueignen? (3 P.)

____

____

____

❸ Welche Folgen hatte die imperialistische Politik für die Eingeborenen? Zähle fünf Folgen auf. (5 P.)

____

____

____

❹ Wie versuchen die ehemaligen Kolonialmächte, ihre „Sünden" von damals wiedergutzumachen? (3 P.)

____

____

____

20 Punkte

Best.-Nr. 780 © Brigg Pädagogik Verlag GmbH, Augsburg

GE Name: ______________________ Datum: ____________

Der Imperialismus – was weißt du noch?

❶ Welche neun Länder sind unten dargestellt? Schreibe sie in die Karte. (9 P.)

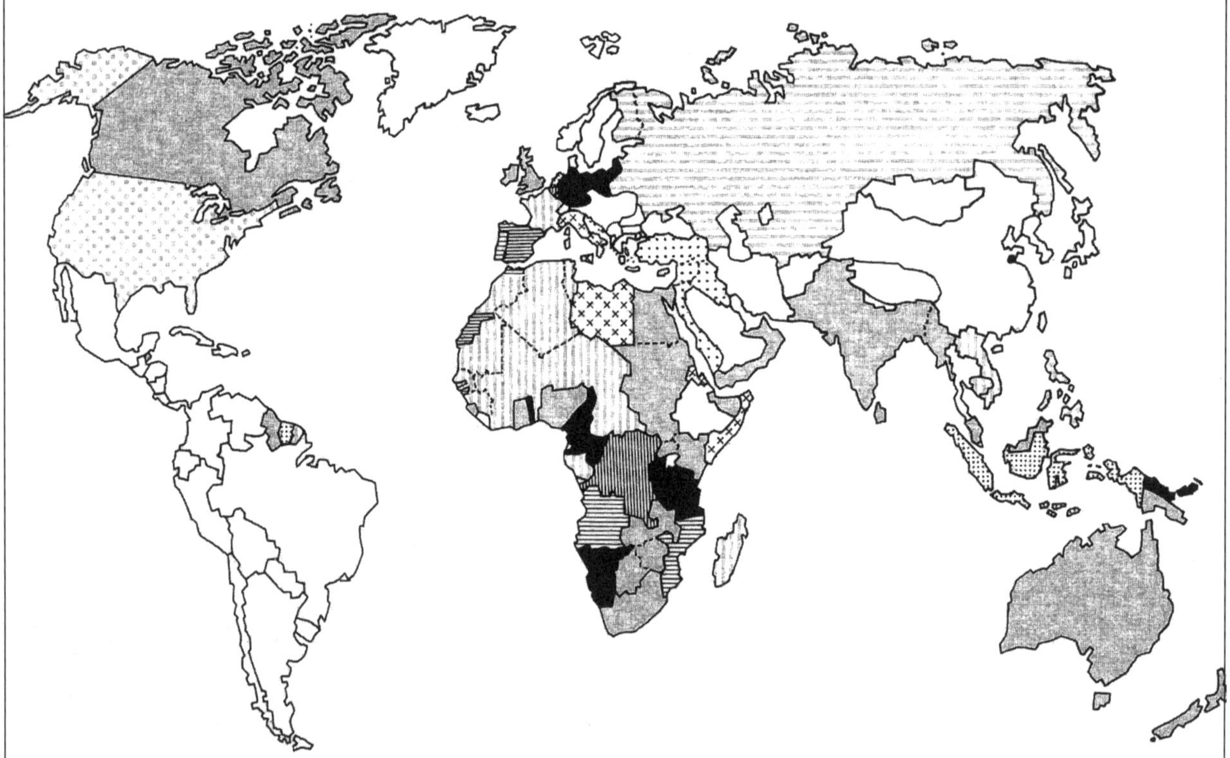

England	*Niederlande*	*Portugal*
Frankreich	*Belgien*	*Italien*
Russland	*Spanien*	*USA*

❷ Welche Motive bewegten Nationen, sich Kolonien anzueignen? (3 P.)

Großmachtstreben; Sicherung von Siedlungsräumen; Ablenkung von eigenen innerstaatlichen Problemen; Erschließung und Sicherung von Absatzmärkten; billige Rohstoffe, billige Arbeitskräfte; rücksichtsloses Gewinnstreben; Sendungsbewusstsein

❸ Welche Folgen hatte die imperialistische Politik für die Eingeborenen? Zähle fünf Folgen auf. (5 P.)

Ausbeutung der Bodenschätze und Arbeitskräfte; Unterdrückung und Zerstörung der einheimischen Kulturen; gewaltsame Zivilisierung der Ureinwohner durch Unterwerfung, Vergewaltigung, Betrug; Zerstörung der ursprünglichen Natur; keine Industrialisierung → Abhängigkeit

❹ Wie versuchen die ehemaligen Kolonialmächte, ihre „Sünden" von damals wiedergutzumachen? (3 P.)

Aufbau- und Wirtschaftshilfe durch finanzielle Zuwendungen und Einrichtung moderner Technologien; Hilfen bei der Demokratisierung; Verbesserung der medizinischen Versorgung; Verbesserung der Infrastruktur; Einrichten von Schulen

20 Punkte

Hubert Albus: Von der industriellen Revolution bis zum Imperialismus
Best.-Nr. 780 © Brigg Pädagogik Verlag GmbH, Augsburg

Textnachweis

S. 9: Zahlenangaben der Städte. Aus: Hans-Jürgen Goertz: Deutschland 1500–1648 – eine zertrennte Welt (S. 55) © Ferdinand Schöningh GmbH, Paderborn 2004. S. 22/33/34: Die Folgen der Industrialisierung. Aus: Dieter Griesshaber: Ursachen, Verlauf und Folgen der Industriellen Revolution in Deutschland (Auszüge, gekürzt, verändert) © Geschichts- und Kulturverein Köngen e.V., 2010. S. 23/24: Die Familie Krupp © www.essener.org 2003. S. 33/34: Industrielle Revolution in Deutschland. Nach: Thomas Nipperdey: Deutsche Geschichte 1800–1866. Bürgerwelt und starker Staat © Verlag C. H. Beck, 1983; Thomas Nipperdey: Deutsche Geschichte 1866–1918, Band I. Arbeitswelt und Bürgergeist © Verlag C. H. Beck.
S. 50: Leoni Hellmayr: Mythos Weberaufstand. © GEO EPOCHE Nr. 30. April 2008. S. 58: Otto von Bismarck. Nach: Wilhelm Mommsen: Otto von Bismarck. Mit Selbstzeugnissen und Bilddokumenten, 19. Auflage © Rowohlt Verlag, Reinbek, 1992. S. 73/83/86/97/101: Nach: www.preußen-chronik.de.rbb (Auszüge). S. 88: Bismarcks Außenpolitik ab 1871. Textarchiv 7.www.ta7.de/txt/politik/poli0005.htm . S. 107/108: Das Kaiserreich zwischen Tradition und Fortschritt. Aus: Das Kaiserreich. www.dhm.de/lemo/html/kaiserreich/index.html (Auszüge). S. 109/111/112/113: Berthold Seewald: War Wilhelm II. Kriegstreiber oder Getriebener? © Welt online, 28. Dezember 2010. S. 116: Der Hauptmann von Köpenick. Nach: www.koepenickia.de. S. 133: Aufruf an das Volk der Herero. Aus: Michael Behnen (Hrsg.), Quellen zur deutschen Außenpolitik im Zeitalter der Imperialismus 1890–1911, Darmstadt 1977; S. 129/133: Zitate von Lothar von Trotha. Aus: Horst Drechsler: Südwestafrika unter deutscher Kolonialherrschaft. Der Kampf der Herero und Nama gegen den deutschen Imperialismus (1884–1915). 2. Auflage, Berlin 1984; Augenzeugenbericht. Aus: www.ekir.de/pkomit/herero_4.html. Partnerschaftskomitee Namibia

Bildnachweis

S. 17: Karte. Aus: Walter Gehl: Deutsche Geschichte in Stichworten, Heft 3. Ferdinand Hirt, Breslau 1938. S. 43: King Monopoly. Bild 96770382 © gettyimages, 2011. S. 47/48: Zeichnungen. Aus: L. W. Müller: Arbeitshefte zum Geschichtsunterricht 9–16 © Michael Prögel Verlag, Ansbach 1985. S. 49: Käthe Kollwitz: Weberzug © Bild-Kunst Bonn, 2012. S. 65: Karte von Stefanie Peters © GEO Epoche Nr. 30 – 03/08. S. 71: Karte. Aus: Die Welt im Spiegel der Geschichte. Geschichtsatlas © Bayerischer Schulbuchverlag, München 1951. S. 78/79/80/91/92: Karten. Aus: Walter Gehl: Deutsche Geschichte in Stichworten, Heft 3. Ferdinand Hirt, Breslau 1938. S. 108: Karikaturen VG Bild/Kunst, Bonn 2012. S. 116: Der Hauptmann von Köpenick. Filmplakat Nr. 99/04/0380 Globus-Film 1956; Video-Cover 1956. S. 123: Karte. S. 131/133: Kriegsgefangene Herero in Ketten, 1904. Bild: National Archives of Namibia, Windhoek.
Bilder/Karten: Archiv Autor

BRIGG Pädagogik VERLAG

Besser mit Brigg Pädagogik!

Fundierte Materialien für Ihren Geschichtsunterricht!

Hubert Albus

Von Napoleon Bonaparte bis zum Scheitern der Revolution 1848

Strukturierte Stundenbilder für den Geschichtsunterricht

128 S., DIN A4,
Kopiervorlagen mit Lösungen
Best.-Nr. 779

Vom Ersten Weltkrieg bis zum Ende der Weimarer Republik

Strukturierte Stundenbilder für den Geschichtsunterricht

216 S., DIN A4,
Kopiervorlagen mit Lösungen
Best.-Nr. 648

Von der NS-Diktatur bis 1946

Strukturierte Stundenbilder für den Geschichtsunterricht

216 S., DIN A4,
Kopiervorlagen mit Lösungen
Best.-Nr. 497

Diese Bände bieten einen **umfangreichen Fundus an vielfältigen Arbeitsblättern und Materialien**. Ziel ist es, den Schüler/-innen **wichtige Kernkompetenzen** wie die Bewertung von Text- und Bildquellen, das Auswerten von Karten, das Vorbereiten und Halten von Referaten und den Umgang mit Fachliteratur zu vermitteln. Die Materialien bereiten das geschichtliche Grundwissen optimal und ansprechend auf. Zu allen Kopiervorlagen werden Lösungen mitgeliefert, sodass der Vorbereitungsaufwand minimal ist. **Weitere Bände sind bereits in Vorbereitung!**

Heinz Auernhamer

Martin Luther – Die Reformation – Der Dreißigjährige Krieg

Leben im Zeitalter der Glaubenskrise

Buch	**Folienband**
192 S., DIN A4, Kopiervorlagen	16 Farbfolien, DIN A5
Best.-Nr. 335	**Best.-Nr. 336**

Die Schüler beschäftigen sich in dieser direkt einsetzbaren Unterrichtssequenz intensiv mit der **Reformation** und dem **Dreißigjährigen Krieg**. In **methodisch vielfältiger Weise** erarbeiten sie sich selbstständig die Alltags- und Ereignisgeschichte. Ein abschließender **Lernzirkel** dient der Ergebnissicherung.

Weitere Infos, Leseproben und Inhaltsverzeichnisse unter
www.brigg-paedagogik.de

Bestellcoupon

Ja, bitte senden Sie mir / uns mit Rechnung

_____Expl. Best.-Nr. ______________________

_____Expl. Best.-Nr. ______________________

_____Expl. Best.-Nr. ______________________

_____Expl. Best.-Nr. ______________________

Meine Anschrift lautet:

____
Name / Vorname

____
Straße

____
PLZ / Ort

____
E-Mail

____
Datum/Unterschrift Telefon (für Rückfragen)

Bitte kopieren und einsenden/faxen an:

Brigg Pädagogik Verlag GmbH
zu Hd. Herrn Franz-Josef Büchler
Zusamstr. 5
86165 Augsburg

☐ Ja, bitte schicken Sie mir Ihren Gesamtkatalog zu.

Bequem bestellen per Telefon / Fax:
Tel.: 0821 / 45 54 94-17
Fax: 0821 / 45 54 94-19
Online: www.brigg-paedagogik.de

Besser mit Brigg Pädagogik!

Schülergerechte Materialien für den interessanten Geschichtsunterricht!

Heinz Auernhamer

Kreative Tafelbilder Geschichte

Band 1

65 Tafelbilder vom Beginn der Geschichte bis zum Ende des Mittelalters

72 S., DIN A4,
mit Kopiervorlagen und CD-ROM
Best.-Nr. 519

Band 2

66 Tafelbilder von der Rennaissance bis zum Ende des 1. Weltkriegs

76 S., DIN A4,
mit Kopiervorlagen und CD-ROM
Best.-Nr. 760

Band 2

71 Tafelbilder von der Weimarer Republik bis zur aktuellsten Geschichte

80 S., DIN A4,
mit Kopiervorlagen und CD-ROM
Best.-Nr. 899

Mit diesen **neuartigen Tafelbildern zur Ereignisgeschichte, Alltags- und Mentalitätsgeschichte** werden komplexe Zusammenhänge didaktisch sinnvoll und prägnant auf das Wesentliche reduziert. Sie werden durch interessante Fragestellungen eingeleitet und motivieren die Schüler zum Mitdenken.

Rüdiger Horn

Kreuzworträtsel Geschichte

Von der Frühzeit des Menschen bis zum Ende des Römischen Reiches

66 S., DIN A4,
Kopiervorlagen mit Lösungen
Best.-Nr. 306

Spannende Knobeleien von der Frühzeit bis zum Niedergang des Römischen Reiches. Dieses Werk ist eine Sammlung von Kreuzworträtseln, die Sie schulbuchunabhängig einsetzen können. Jedes Rätsel beinhaltet wichtige Begriffe zu einem der klassischen Themen. Hervorragend geeignet zur **Lernzielkontrolle**, **Wiederholung** und für sinnvolle **Vertretungsstunden**.

Kostenlose Downloads
www.brigg-paedagogik.de

Auf unserer Website:
Wechselnde kostenlose Downloads für Ihre Unterrichtspraxis!

Bestellcoupon

Ja, bitte senden Sie mir / uns mit Rechnung

_____Expl. Best.-Nr. ____________________

_____Expl. Best.-Nr. ____________________

_____Expl. Best.-Nr. ____________________

_____Expl. Best.-Nr. ____________________

Meine Anschrift lautet:

Name / Vorname

Straße

PLZ / Ort

E-Mail

Datum/Unterschrift Telefon (für Rückfragen)

Bitte kopieren und einsenden/faxen an:

Brigg Pädagogik Verlag GmbH
zu Hd. Herrn Franz-Josef Büchler
Zusamstr. 5
86165 Augsburg

☐ Ja, bitte schicken Sie mir Ihren Gesamtkatalog zu.

Bequem bestellen per Telefon / Fax:
Tel.: 0821 / 45 54 94-17
Fax: 0821 / 45 54 94-19
Online: www.brigg-paedagogik.de

BRIGG Pädagogik VERLAG

Besser mit Brigg Pädagogik!

BRIGG Pädagogik VERLAG

Praxiserprobte Unterrichtshilfen für Ihren Literaturunterricht!

Hubert Albus

Kurzgeschichten

Schicksalhafte Lebens-situationen verstehen

120 S., DIN A4,
Kopiervorlagen mit Lösungen
Best.-Nr. 292

Kurzgeschichten über die Schule der Zukunft, über einen perfekten Mord oder über Kriegswirren von Isaac Asimov, Luise Rinser, Benno Pludra, Günter Eich und Co. Zu jeder der **15 Kurzgeschichten** finden Sie gut aufbereitete Kopiervorlagen mit Lösungsblättern sowie Verlaufsskizzen, mit denen Sie ohne Aufwand Ihren Unterricht planen können. Interessantes Bildmaterial, Kurzbiografien und weiterführende Texte erleichtern Ihnen die Unterrichtsvorbereitung.

Hubert Albus

Märchen, Sagen und Epen

Bezaubernde, bedeutende und belehrende Texte von Homer bis Christa Wolf

168 S., DIN A4,
Kopiervorlagen mit Lösungen
Best.-Nr. 566

Komplett ausgearbeitete Stundenentwürfe zur Erarbeitung der wichtigen Gattungsmerkmale von Märchen, Sagen und Epen! Die Schüler/-innen erarbeiten sich die Textsortenspezifik anhand traditioneller und moderner Märchen im Vergleich mit Sagen und Epen. Zu jedem der 32 Texte finden sich gut aufbereitete Arbeitsblätter mit Lösungen sowie Verlaufsskizzen, Begriffserklärungen und Hintergrundinformationen.

Hubert Albus

Balladen

Schicksalhaftes durch drei Jahrhunderte

120 S., DIN A4,
Kopiervorlagen mit Lösungen
Best.-Nr. 293

Gut gewählte Balladen von berühmten Schriftstellern wie Goethe, Brecht, Kunert, Reinhard Mey oder Annette von Droste-Hülshoff u. a. werden auch Ihre Schüler ansprechen. Hervorragendes Bildmaterial, wichtige Hintergrundinformationen sowie texterschließende Arbeitsblätter mit Lösungen erleichtern Ihnen die Unterrichtsvorbereitung. **Jede Einheit mit Verlaufsskizze!**

Hubert Albus

Fabeln, Parabeln und Schwänke

Humorvolle, lehrreiche und belehrende Texte von Aesop bis Brecht

180 S., DIN A4,
Kopiervorlagen mit Lösungen
Best.-Nr. 755

Eine **umfangreiche Sammlung** bekannter und moderner Texte von berühmten Schriftstellern wie z. B. Jean de La Fontaine, Gotthold Ephraim Lessing, Franz Kafka, Günter Kunert u. v. m. Die Schüler lernen u. a. die Entstehung und Entwicklung, den Aufbau, die Merkmale und Besonderheiten der verschiedenen Textsorten kennen und zu interpretieren. Mit gut aufbereiteten **Arbeitsblättern mit Lösungen**.

Bestellcoupon

Ja, bitte senden Sie mir / uns mit Rechnung

_____Expl. Best.-Nr. ______________________

_____Expl. Best.-Nr. ______________________

_____Expl. Best.-Nr. ______________________

_____Expl. Best.-Nr. ______________________

Meine Anschrift lautet:

Name / Vorname

Straße

PLZ / Ort

E-Mail

Datum/Unterschrift   Telefon (für Rückfragen)

Bitte kopieren und einsenden/faxen an:

Brigg Pädagogik Verlag GmbH
zu Hd. Herrn Franz-Josef Büchler
Zusamstr. 5
86165 Augsburg

☐ Ja, bitte schicken Sie mir Ihren Gesamtkatalog zu.

Bequem bestellen per Telefon / Fax:
Tel.: 0821 / 45 54 94-17
Fax: 0821 / 45 54 94-19
Online: www.brigg-paedagogik.de